中国支付清算

2022 年第 4 辑　总第 16 辑

中国支付清算协会◎编

责任编辑：白子彤
责任校对：李俊英
责任印制：张也男

图书在版编目（CIP）数据

中国支付清算.2022年.第4辑/中国支付清算协会编.—北京：中国金融出版社，2022.11

ISBN 978-7-5220-1802-7

Ⅰ.①中… Ⅱ.①中… Ⅲ.①支付方式—研究报告—中国—2022 ②货币结算—研究报告—中国—2022 Ⅳ.①F832.6

中国版本图书馆CIP数据核字（2022）第194911号

中国支付清算.2022年.第4辑
ZHONGGUO ZHIFU QINGSUAN. 2022 NIAN. DI-4 JI

出版
发行 **中国金融出版社**

社址　北京市丰台区益泽路2号
市场开发部　（010）66024766，63805472，63439533（传真）
网上书店　www.cfph.cn
　　　　　（010）66024766，63372837（传真）
读者服务部　（010）66070833，62568380
邮编　100071
经销　新华书店
印刷　河北松源印刷有限公司
尺寸　185毫米×260毫米
印张　10.5
字数　170千
版次　2022年11月第1版
印次　2022年11月第1次印刷
定价　40.00元
ISBN 978-7-5220-1802-7
如出现印装错误本社负责调换　联系电话（010）63263947

《中国支付清算》专家委员会

主任委员：张青松

专家委员：（按姓氏笔画排序）

王　信　孙天琦　李　扬　李　伟

吴卫星　陈　波　赵晓菊　温信祥

《中国支付清算》编委会

主　　编：陈　波

副 主 编：王素珍

声 明

向《中国支付清算》投稿即视为授权本书将稿件纳入本书确定的相关学术资源数据库和网站、微信公众号，包括但不限于中国支付清算协会官方网站（http：//www.pcac.org.cn）和微信公众号（"中国支付清算协会"）对外传播。本书支付给作者的稿酬已包含上述数据库和网站、微信公众号著作权使用费。如有异议，请在来稿时注明，本书将作适当处理。

投稿文章须为原创作品，严禁抄袭，文责自负。刊稿仅反映作者个人的观点，并不代表《中国支付清算》主办单位立场。

目　录

◆ **论坛专题**

坚持中国特色发展道路　推动支付产业高质量发展
　　文/张青松 / 3
有效服务实体经济，助力构建新发展格局
　　文/田国立 / 7
守正创新　奋力担当　为服务实体经济贡献支付清算力量
　　文/林景臻 / 10
关于数字人民币价值特征法律问题的思考
　　文/穆长春 / 14
坚持守正创新　服务实体经济
　　——中国银联数据服务创新发展之路
　　文/涂晓军 / 18

◆ **金融普惠**

关于老年人支付服务便利化程度的调查与思考
　　——以江西省抚州市为例
　　文/潘先栋 / 25
浅析移动支付如何助力乡村振兴发展
　　——以"最美乡村"婺源县为例
　　文/徐洋芬　江亦非 / 31
关于提升老年人支付服务便利化研究
　　文/南通农村商业银行课题组 / 36

◆ **金融基础设施**

区块链技术在人民币跨境结算中应用模式探索
——基于数字人民币模式
　　　文/中国建设银行江苏省分行课题组 / 47

◆ **金融账户**

商业银行远程开立单位银行账户实施方案探究
　　　文/江　艳　汪澄澄　张　翾 / 59
单位银行结算账户在基层管理中存在的问题及监管建议
　　　文/张　可　陈　琳 / 70

◆ **中小机构**

关于农村金融机构发展商户业务的思考
　　　文/毛中华 / 77

◆ **风险防范**

浅析当前POS业务推广中存在的问题及整改建议
　　　文/马　燕　牛　耘　景薇薇 / 85
互联网平台洗钱风险分析及建议
　　　文/罗　璠 / 89

◆ **案例研究**

"支付+"金融服务助力平台经济健康发展
　　　文/刘仲蔚 / 99

◆ **金融维权**

优化营商环境视角下银行面临的恶意投诉威胁及对抗策略浅析
　　　文/马小虎 / 109

解密 ISO 20022：评估新报文标准的优势与挑战
　　译/马凯迪／115

◆ **统计分析**

2022 年第二季度非银行支付机构业务发展情况分析
　　文/高阳宗　罗建华　崔元悦／125

◆ **政策传递**

中华人民共和国反电信网络诈骗法／137

互联网信息服务算法推荐管理规定／148

《中国支付清算》征稿启事／154

论坛专题

坚持中国特色发展道路
推动支付产业高质量发展①

文/张青松*

摘要： 本文阐述了党的十八大以来我国支付产业发展取得的巨大成就，强调要坚持走支付产业的中国特色发展道路，始终坚持党对支付工作的全面领导、始终坚持"支付为民"的初心使命、始终坚持严监管不动摇、始终坚持安全生产的底线思维、始终坚持合规经营。强调要坚定不移落实中央重大决策部署、坚定不移服务实体经济与民生需求、坚定不移把好风险防控关、坚定不移推进行业健康发展，凝心聚力持续推动支付产业高质量发展。

关键词： 支付产业　高质量发展　中国特色　发展道路

一、党的十八大以来我国支付产业发展取得巨大成就

在党中央、国务院坚强领导下，在人民银行党委的精心部署下，支付产业各方勠力同心、攻坚克难，坚持发展与规范并重，实现一系列突破性进展，取得一系列标志性成果，积极探索支付产业健康发展的中国道路，在服务实体经济和民生方面发挥了重要作用。

（一）产业结构不断优化

十年来，我们统筹国际国内两个市场，深化支付产业改革开放，支付服务供给主体不断丰富、功能配置持续健全，支付产业迈入高质量发展阶段，有力支持

---

① 本文根据作者在第11届中国支付清算论坛上的发言整理。
* 作者单位：中国人民银行。

了经济社会发展。商业银行发挥网点多、分布广、服务全的重要基础作用，支付机构深耕小额、便民零售支付领域，为社会公众提供安全、高效、便捷的支付服务。2021年，全国办理非现金支付业务4395亿笔、金额4416万亿元，分别是十年前的10.7倍和3.4倍。各类清算机构稳健高效运行，为支付市场主体、创新产品服务提供安全可靠的清算服务和基础支撑。2021年，人民银行支付清算系统处理业务219亿笔、金额6622万亿元，分别是十年前的11.6倍和3.6倍；银联、网联合计处理业务8907亿笔、金额688万亿元，分别是十年前的107倍和34倍。

（二）服务民生更加有力有效

十年来，我们坚持以人民为中心的发展思想，努力践行"支付为民"，统筹推进支付服务普惠进程，全面提升人民群众在支付领域的获得感、幸福感和安全感。移动支付已成为新时代中国发展的亮丽名片，极大地提升了人民群众日常支付体验。深化农村支付环境建设，服务脱贫攻坚战、乡村振兴战略，设立近80万个助农取款服务点，基本实现人人有卡、家家有户、村村有服务。移动支付深入田间地头，刷卡扫码随时随地，城乡居民享受到了同等高效便捷的基本支付服务。我们不断推进"数字鸿沟"弥合，鼓励市场主体开发适老支付产品。开展防范电信网络诈骗和跨境赌博"资金链"治理，守护人民群众的资金安全。发展跨境支付服务，便利跨境人员的经贸往来，银联网络和跨境人民币支付系统已拓展到180多个国家和地区。

（三）严监管常态化持续推进

十年来，支付产业发展日新月异，支付产品服务创新活跃，我们准确识变、科学应变、主动求变，坚持严监管不动摇，为支付产业的健康发展保驾护航。优化完善支付顶层设计，发布银行卡收单、网络支付等一系列管理办法，推动出台《非银行支付机构条例》。深化账户管理制度改革，取消企业账户开户许可，优化小微企业账户服务措施，营造良好营商环境。确立依法监管、适度监管、协同监管、创新监管的监管理念，建立备付金集中交存机制，稳妥有序完成"断直连"，累计有序退出71家支付机构，不断提高监管综合成效。发挥自律管理作用，支付清算协会不断完善并综合运用各类自律机制，助力政府监管，引导会员单位健康发展。

二、坚持走支付产业的中国特色发展道路

习近平总书记指出，要深化对金融本质和规律的认识，立足中国实际，走出中国特色金融发展之路。人民银行立足国内、面向国际，历经数十年打造了一批独立自主的支付基础设施，探索创新了一系列基于中国国情、具有中国特色的监管实践，形成了以中央银行为核心、商业银行为主体、支付机构为重要补充的支付体系。

我们要高度重视支付工作的政治性、人民性、普惠性，既要重视总结国际成功经验，更要从我国国情、民情出发，坚定不移地走支付产业的中国特色发展道路，助力经济高质量发展。一是始终坚持党对支付工作的全面领导，遵循党中央指明的政治方向、发展理念和改革要求，坚决落实党的重大决策部署。二是始终坚持"支付为民"的初心使命，通过深化支付产业供给侧结构性改革、全面优化支付服务能力、持续创新支付产品，更好地满足人民群众和实体经济多样化的支付需求。三是始终坚持严监管不动摇，对违法违规行为"零容忍"。持续净化支付市场环境，不断创新监管手段，提升监管水平。四是始终坚持安全生产的底线思维，压实安全责任，强化风险意识，千方百计保障各项支付服务有序运转，保障各类支付基础设施的安全运行。五是始终坚持合规经营，产业各方牢固树立"合规就是生产力和竞争力"的经营发展理念，敬畏法律、敬畏市场、敬畏规则。

三、凝心聚力持续推动支付产业高质量发展

推动支付产业高质量发展就是要我们支付产业各方把思想和行动统一到中央重大决策部署上来，坚持稳中求进工作总基调，统筹好安全与效率，平衡好创新与规范，努力实现可持续发展。

（一）坚定不移落实中央重大决策部署

一是持续推进电信网络诈骗、跨境赌博和非法支付活动的"资金链"治理。行业各方要坚决、主动地承担治理主体责任，平衡好防风险与优服务的关系，不断提升打击治理的有效性和精准度，履行好保护人民群众合法利益的义务。二是落实好《强化大型支付平台企业监管　促进支付和金融科技规范健康发展工作方

案》，坚持支付业务回归本源，规范平台企业支付业务。加快《非银行支付机构条例》立法进程，夯实监管法制基础。三是加强支付清算服务能力建设。加强支付基础设施统筹规划，进一步提升境内、跨境资金循环效率，提升跨境支付服务水平，切实助力人民币国际化。鼓励产业各方勇于创新、增进合作，推出更多中国模式、中国方案、中国产品并服务全球支付市场。

（二）坚定不移服务实体经济与民生需求

一是持续优化账户服务。产业各方要全面落实小微企业、流动就业群体账户服务管理要求，从市场主体的实际需求出发，切实提升账户服务水平。二是巩固支付减费让利成果。产业各方要积极承担社会责任，继续落实支付降费举措，提高政策触达度，让更多人民群众和市场主体享受到政策红利。三是提升支付普惠水平。产业各方要在支付适老化工作、移动支付便民工程以及农村支付服务环境建设等薄弱环节下力气深耕细作，切实提升农村地区、老年人等特殊群体的支付服务便利化水平。

（三）坚定不移把好风险防控关

一是坚持底线思维，确保业务平稳运行。支付基础设施平稳运行对经济社会的安全稳定至关重要，各清算机构及相关参与者要持续强化业务连续性管理，加强风险排查和实战化应急演练，做好业务监测和保障工作，特别是在党的二十大召开前后的重要阶段，确保不出差错、不掉链子。二是坚持主体责任，筑牢风险底线。产业各方要坚决落实风险防控主体责任，聚焦主责主业，依法依规稳健经营，进一步提高风险监测、处置能力与水平，切实防范支付领域的各项风险。

（四）坚定不移推进行业健康发展

一是持续优化市场结构，提升服务质效。坚持市场化、法制化原则，继续推动支付供给侧结构性改革，清退无效供给，在更高水平上实现支付服务供求关系的动态平衡。二是强化合规意识，提高合规经营管理水平。经过多年严监管，支付产业逐步规范，但仍然存在一些乱象尚未得到根治，发展中也会出现新的问题。产业各方要坚守合规安全底线，严格落实各项要求，共同净化市场环境。三是坚持守正创新，把握数字经济发展主动权。当前社会正在进入以数字化生产力为标志的新阶段，产业各方要顺势而为、乘势而上，加大创新投入，不断升级产品服务，适应数字经济发展需要，切实助力经济高质量发展。

有效服务实体经济，
助力构建新发展格局①

文/田国立*

摘要：本文总结了中国支付清算协会（以下简称协会）在推动我国支付清算行业高质量发展方面的工作成效，就有效服务实体经济、助力构建新发展格局提出三点倡议：一是坚持服务实体经济导向，全力支持稳住经济大盘；二是牢牢把握合规经营底线，推动行业安全发展；三是聚焦优化服务，进一步提高支付服务效率和水平。

关键词：支付清算行业　实体经济　新发展格局

2022年是党的二十大召开之年，是实施"十四五"规划的关键之年，也是协会开启第二个十年新征程的起始之年。年初，协会完成了换届选举，产生了新一届理事会、监事会和协会领导层。一年来，协会在人民银行、民政部的指导下，紧密依靠广大会员单位，坚持"政策传导到位、市场自律规范、服务高质有效"的理念，充分发挥行业自律组织在行业治理中的作用，积极作为、主动履责，推动我国支付清算行业高质量的发展，更好地服务实体经济。

一是坚定践行"两个维护"，贯彻落实党中央重大决策部署取得新进展。促进社会资金高效安全流转是支付行业的使命。协会积极配合做好打击治理电信网络诈骗、跨境赌博资金链工作，广泛深入开展反诈拒赌宣传活动，探索共享参数化的可疑交易监测规则，持续推动涉赌线索监测和排查，优化涉赌交易信息与结算资金风险联查机制，扩大信息共享范围。小微企业支付手续费降费工作成效进

---

① 本文根据作者在第11届中国支付清算论坛上的发言整理。
* 作者单位：中国建设银行。

一步彰显。据统计，2022年上半年协会会员单位累计让利市场主体约161亿元，其中让利小微企业、个体户等市场主体约120亿元，有效降低市场主体经营成本。开展支付领域垄断情况研究，研提政策建议。有序推进收款码自律管理工作，持续改进条码支付服务，进一步优化营商环境。

二是稳步推进市场规范化建设，行业自律管理取得新成效。综合运用举报奖励、自律评价、自律检查、风险提示等手段，督促和引导市场主体稳健发展。外包服务市场规范治理稳步推进，制定实施《收单外包服务机构自律规范（试行）》，做好外包服务机构评级工作，推动外包服务机构备案管理。截至2022年8月末，在协会备案的外包服务机构已达14116家。行业风险信息共享联防和黑名单管理机制作用进一步发挥，金融科技创新自律管理工作持续深化。

三是精准把握会员多元化需求，行业服务质效取得新提升。协会持续丰富客户身份实名认证综合服务平台验证产品，帮助中小会员单位加强客户身份实名制管理。聚焦支付领域热点问题开展深入调研，召开系列研讨会，推动行业交流和经验推广，引导支付产业规范健康发展。《中国支付产业年报》《中国支付清算行业社会责任报告》行业品牌报告影响力持续彰显。推动构建多样化、多层次的行业培训体系，行业培训的针对性和覆盖面进一步提升。

当前，世界经济趋于放缓，外部形势错综复杂。我国经济韧性强、长期向好的基本面没有改变，但经济发展仍然具有不确定性和复杂性，这也给支付清算行业发展带来了压力和挑战。如何从新的形势、新的起点出发，落实党中央"疫情要防住、经济要稳住、发展要安全"的要求，更有效地服务实体经济，助力构建新发展格局，需要全行业认真思考、积极探索、扎实工作。在此，我与大家分享三点倡议：

第一，坚持服务实体经济导向，全力支持稳住经济大盘。各会员单位要加强党建引领，认真学习领会党的二十大精神，全面、深入贯彻落实党中央、国务院重大决策部署，切实服务好大局。深刻认识稳住经济大盘在当前经济金融工作中的重要意义，坚持稳字当头、稳中求进，打好主动仗，落实好小微企业支付手续费降费工作，切实发挥支付服务在落实国务院稳住经济一揽子政策措施中的金融服务功能和基础设施支撑作用，更好地服务实体经济发展。

第二，牢牢把握合规经营底线，推动行业安全发展。支付清算作为基础性金融服务，是防范重大金融风险的重要防线。各会员单位要统筹好发展与安全、创新与规范之间的关系，筑牢底线思维，强化自律意识，坚持守正创新，实现均衡发展。进一步发挥支付作为社会治理工具的作用，增强行业风控合力，堵住不法资金转移通道，守护好人民群众资金安全。要坚持公平竞争、诚实守信、守法经营，进一步完善内部合规制度建设，把合规理念全面融入产品研发、流程设计、技术应用的各阶段。要认真落实严监管要求，持续优化银行账户服务，重点规范收单业务，着力加强外包服务机构管理，切实维护广大消费者权益。

第三，聚焦优化服务，进一步提高支付服务效率和水平。各会员单位要坚持把解决人民群众"急难愁盼"问题以及企业资金运转的难点问题作为着力点，打造专业化、特色化、综合化支付服务体系。进一步畅通资金流转渠道，提高支付效率，精准加强和优化重点领域支付服务供给。要坚守"支付为民"初心，结合消费新业态，拓展支付新场景，开发非接触支付产品和服务，在扩大消费需求上积极作为，为释放消费活力提供高效服务。推动普惠支付建设，着力加强对经济运行薄弱环节和弱势群体的服务，提升支付包容性发展水平，更好地满足人民群众日益增长的美好生活需要。

守正创新 奋力担当
为服务实体经济贡献支付清算力量[①]

文/林景臻[*]

摘要： 本文简要分析了商业银行面临的发展环境和重要趋势，从深挖客群需求、实现"支付惠民"，坚持责任担当、实现"支付为民"，推进科技创新、实现"支付便民"，防范金融风险、实现"支付安民"四个方面，阐述商业银行要发挥主力军作用，坚持走好中国特色金融发展之路，扎实推进支付产业高质量发展、更好服务实体经济，并分享中国银行在上述领域的实践经验。

关键词： 支付产业 支付为民 商业银行

一、支付行业面临更为复杂的内外部环境

百年未有之大变局加速演进，全球新冠肺炎疫情反复波动，世界多极化趋势更为明显。支付清算作为服务国民经济发展、畅通资金流动的基础，面临安全性、自主性、连通性、稳健性、便利性等多方面考验。

支付行业积极因素越发显现。一方面，我国经济长期基本面持续向好，在新发展格局下，"十四五"规划重大工程建设项目加快推进，区域协调发展战略深入实施；另一方面，人民币国际化不断推进，资本市场双向开放不断深入，对跨境资金流动、金融基础设施互联互通需求更为强烈。以上积极因素为支付清算业务发展提供了广阔空间。

[①] 本文根据作者在第11届中国支付清算论坛上的发言整理。

[*] 作者单位：中国银行。

数字经济变革动能持续加大。大量消费由线下向线上迁移，"非接触支付""智能化""融合化"成为支付数字化发展的关键词。开放银行成为商业银行与新兴金融业务的主流合作模式。

支付清算风险管控压力更为突出。信息泄露、隔空盗刷、电信网络诈骗与疫情反复相交织，对支付体系安全运行、高效防控、快速响应提出更高要求，也对原有业务连续性安排提出挑战。

二、发挥好商业银行的主力军作用

金融是实体经济的命脉，是国民经济稳健运行的重要保障。支付清算作为金融体系稳健运行的基础和资金畅通循环的血脉，对推进中国特色金融发展之路、切实回归金融本源、防范化解重大金融风险具有重要意义。近年来，在人民银行的大力推动下，支付产业顶层设计进一步完善，数字化转型加快，支付服务质效持续提升。

商业银行是支付产业的主力军、领头雁，机构范围广、业务规模大、服务群体多，是全社会资金流转的核心渠道。各商业银行要坚持守正创新，深刻理解金融工作的政治性、人民性，着力从以下四个方面持续发力，提供更畅通、开放、便捷、安全的支付服务，在稳增长、促民生方面展现价值和担当。

一是深挖客群需求，实现"支付惠民"。一方面，下沉服务，为小微企业、个体工商户"输血供氧"，坚决贯彻落实党中央、国务院减费让利决策部署，支持企业降低经营成本。另一方面，织密网络，为农村金融"修路搭桥"，深耕农村支付服务，加强农村金融网点建设、加大自助服务终端投放，丰富支农惠农产品，改善农村支付环境。

二是坚持责任担当，实现"支付为民"。配合监管推进基础设施建设，持续完善清算结算网络，优化网点布局，提供多介质、多渠道、多币种、全覆盖的支付服务。服务重点地区、重点领域，聚焦京津冀、长三角、粤港澳大湾区、海南自贸港、成渝双城经济圈等重点区域，从金融产品、收单业务、扫码支付等方面全面发力。践行人民币国际化战略，积极参与人民币跨境支付系统（CIPS）全球布局，提高网络覆盖性和便利性。紧抓资本市场政策机遇，在助力资本市场双向开放及互联互通机制建设中发挥更大作用。

三是推进科技创新,实现"支付便民"。提升支付服务数字化、便捷化、智能化水平,顺应消费升级趋势,实现支付服务和金融场景、技术与业务融合,探索人工智能、区块链、云计算、大数据、物联网、生物识别等新兴科技在支付体验、形态、风险防控等方面的应用。推动支付产业开放合作和共生发展,探索开放银行实践模式,积极开展数据共享和平台合作。挖掘支付数据在业务发展和风险管控中的作用,依托海量支付数据资源优势,运用大数据统计工具开展深度分析,为前台营销、管理决策、风险管理等提供支持。

四是防范金融风险,实现"支付安民"。以人为本,落实消费者权益保护,持续打造"线上+线下""集中性+阵地化"的金融宣传教育,及时稳妥地处理业务举报投诉,不断提高服务能力和质量。筑牢底线,坚决打击跨境赌博犯罪及电信网络诈骗,围绕"资金链"治理建立常态化联动工作机制,事前、事中、事后各关键环节持续发力,坚决遏制跨境赌博和电信网络诈骗乱象。未雨绸缪,强化业务连续运营能力,总结新冠肺炎疫情、极端天气和场景应对经验,不断完善应对手段和方案,提升反应速度,保障资金安全。

三、中国银行的具体实践

中国银行作为国有商业银行,坚守支付为民初心,锚定支付惠民、为民、便民、安民目标,积极发挥全球化综合化经营优势,强化基础建设,便利支付结算,培育发展动能,守护资金安全,服务实体经济,助力支付行业高质量发展。

(一)多措并举助力复工复产

新冠肺炎疫情期间,中国银行快速推出"中银智慧付"收单、"中银智慧付码上付"等产品,为商超消费、医疗慈善、物资运输、桥梁收费等领域的商户,提供"多渠道、零接触、安全、定制化"的聚合支付服务。提升支付服务便利性,拓展线上渠道,2021年手机银行交易金额同比增长22%。扩大农村现代化支付服务,中银富登村镇银行设立185家支行,成为国内机构数量最多的村镇银行集团。推广便携式智能柜台,让服务延伸到县域乡村、街头巷尾、田间地头,打通支付"最后一公里"。研发"数字借记卡",推进个人业务全面无卡化建设,打造"手机银行即账户"全新服务体系,实现高频场景全覆盖。推出智能柜台"长者版",助力老年人跨越"数字鸿沟"。提升支付服务普惠性,在国有大行中率先彻底取消个人账户费用，惠及上亿位客户。大力发展普惠金融，建成一批普惠金融、乡村振兴特色网点，在多地采用数字人民币发放助农贷款，助力乡村振兴"精准滴灌"。创新中小微企业汇率保值交易服务模式，累计办理业务超3亿美元。

（二）加强基础设施建设，服务国家外交经贸大局

织密清算网络，打造全球一体化清算结算系统，覆盖境外50多个国家和地区，包括40余个共建"一带一路"国家。拓展线上渠道，境外企业网上银行覆盖51个国家和地区。大力发展跨境人民币清算结算，2021年，中银集团共办理跨境人民币结算量11.26万亿元，同比增长22.36%，清算量632万亿元，同比增长超过34%。推动跨境金融线上化、智能化、数字化发展，升级"中银跨境e商通"，提供超过1400亿元资金结算服务。助力要素市场互联互通，担任国内金融要素市场多个项目独家或主要合作银行，配合交易所开展多项业务创新。

（三）坚持创新驱动，培育转型发展动能

加强科技赋能，推进企业级架构建设，投产"绿洲工程"新一代企业级技术平台。自主研发分布式架构全球一体化支付系统，实现高性能、高可用、高度灵活共享。将人工智能等新技术嵌入业务流程，解决人工操作量大等难点痛点问题。加深数据运用，分析资金动态、客户偏好、交易特征，助力管理决策、精准营销和风险管控。推进数字人民币推广，聚焦教育、老年人、体育等场景，靶向新市民、灵活就业等人员，普及硬钱包，增强客群覆盖度。推进多元性生态建设，深耕消费互联网，提升平台消费金额和笔数；挖潜产业互联网蓝海，推进智能汽车、互联网平台供应链金融等创新；赋能烟草、航空等传统行业，打造数字人民币端到端全产业链应用。

（四）保障客户权益，筑牢风险防控"堡垒"

保护消费者权益，推动金融知识"进社区""进学校""进养老院"，助力构建理性消费、依法维权的金融生态环境。2022年上半年，金融知识教育宣传活动触达消费者超过4亿人次。坚决打击跨境赌博犯罪及电信网络诈骗，投产网御系统，推进电诈风控模型建设，综合运用多项金融科技，系统投产以来阻断可疑交易超过300亿元。不断提升业务连续运营能力，综合运用同城、异地灾备等多种方式，成功应对新冠肺炎疫情、自然灾害等冲击，保障了业务安全平稳运营。

关于数字人民币价值特征法律问题的思考[①]

文/穆长春[*]

摘要： 数字人民币是人民银行发行的数字形式的法定货币，具有价值特征。价值特征是理解数字人民币法律属性的基础，使其与实物人民币一样，具有物权属性，适用"占有即所有"规则，并通过币串交付完成所有权转移，实现支付和结算的同步完成。

关键词： 数字人民币　价值特征　法律问题

一、价值特征是数字人民币所有权确立的基础

首先，数字人民币的价值特征是通过币串形式体现的。数字人民币由加密前置系统生产，并由分布在运营机构的加密前置机将用户的所有者标识及相关字段，添加至数字人民币的核心域，形成币串，发送到用户数字人民币钱包。实物人民币的价值多少并不是由作为载体的实物纸张决定的，同样，数字人民币的价值也并不在于币串本身，而在于被赋予的国家信用，是一种"抽象价值"，也是数字人民币货币职能实现的基础。数字人民币是一般等价物，以人民币"元、角、分"为基本计价单位，可以衡量司法管辖区内一切商品的价值，体现其价值尺度的特征。数字人民币作为支付手段，持有人可以自由地使用它进行财物交换、债务清偿等有价值交换的活动，体现其交换媒介的特征；同时，数字人民币

[①] 本文根据作者在第 11 届中国支付清算论坛上的发言整理。

[*] 作者单位：中国人民银行数字货币研究所。

的价值由国家赋予，具有最强的公信力。用户通过对数字人民币的合法占有和控制，享有对应价值，实现价值贮藏的目的。此外，加密算法等技术增强了数字人民币的不可重复花费、不可非法复制伪造、交易不可篡改及抗抵赖等特性，保障了币串作为数字人民币价值载体的可靠性、安全性。

其次，数字人民币具有价值特征，在法律上具有"物"的属性，具备物权的一般特征。数字人民币属于特殊动产。货币是具有高度替代性的种类物，可通过同品种同数量的物相互代替使用。数字人民币作为价值尺度与交换媒介的统一，决定其本身不具有"个性"，它所表现的价值以所表示的货币单位来计算。因此，用户使用数字人民币时，将根据其代表的价值实现财物交换，完成债务清偿。数字人民币是典型的消费物。消费物是指同一人不能因同一目的反复使用的物。数字人民币作为交换媒介，其流通性远远超过其他财产，一经使用即转入他人之手，原所有人不可再使用，是典型的消费物。

二、价值特征赋予数字人民币货币的法律属性，适用"占有即所有"规则，交付即发生所有权转移

货币遵循"占有即所有"规则，即任何占有货币的人都将被推定为货币的所有人。该规则强调以货币的现时占有状态判定其所有权归属。货币的本质决定了它具有高度流通性和替代性，不适用特定物的法律规则，不应在法律现实占有货币之外再创设对货币支配的所有权。人们创制作为一般等价物的货币最重要的目的是便利交易，使用货币直接交换财物、购买商品、清偿债务具有较高的便利性，人们已经习惯这样的交易方式。一旦将货币的占有与所有分离，交易时必将增加明确所有权真实性的负担，人们会不愿意使用货币交易，极大地增加了交易成本，货币的流通优势将会丧失，损害正常的交易安全和经济秩序。因此，以现实占有推定其为货币所有权人是保障交易安全的客观需要，是法定货币所有权认定的基本法理。数字人民币同实物货币一样，适用"占有即所有"规则。数字人民币以币串体现价值，储存在用户在运营机构端开立的钱包内，并通过钱包进行支付结算。用户是钱包内数字人民币的所有人，通过对钱包的占有和控制实现对数字人民币所有权的公示。

数字人民币所有权转移是以币串交付的方式完成的。根据我国《民法典》

等法律规定，动产物权的设立和转让自交付时发生效力，同样适用于作为特殊动产的数字人民币所有权变动。付款人为购买货物或劳务等原因使用数字人民币支付，通过向收款人转移数字人民币币串的占有完成交付，同步发生数字人民币所有权转移的法律效力。支付完成后，付款人失去对交付金额的数字人民币的占有和控制，收款人获得所有权，收付款双方钱包内的数字人民币余额和币串信息同步发生变化。

三、价值特征使数字人民币实现支付和结算的同步完成，并通过数字人民币所有权完成转移确保结算最终性

支付和结算是两个不同的法律行为，具有不同的法律意义。支付是付款人向收款人进行资金给付的法律行为，支付完成意味着付款人付款义务的履行；而结算是收款人实际获得款项，强调债务得以清偿的法律结果。

在实物现金交易中，收款、付款双方间接或直接进行点对点交易，付款人支付现金和收款人接收同步完成，债务得以清偿。因此，现金交付同时具有支付和结算两个方面的法律意义。

而数字人民币具有物权属性，与实物现金具有同样的法律性质，收付款人进行点对点支付和结算，同步完成货币价值从付款人向收款人的转移，实现支付即结算。

在传统电子支付中，银行和支付机构等基于风险控制、流动性节约或者符合监管要求等考虑，在消费、跨境、汇款等部分跨机构业务中普遍使用支付系统等金融市场基础设施（FMI）。因此，明确FMI的最终结算时点，并确保其法律稳定性具有重要意义。支付结算体系委员会（CPSS）和国际证监会组织（IOSCO）技术委员会联合发表的《金融市场基础设施原则》明确指出："FMI应当至迟于生效日日终提供清晰和确定的最终结算。如果有必要或更好，FMI应当在日间或实时提供最终结算。"最终结算要求FMI或参与者根据相关合同条款，对资产和金融工具的转让或者债务的清偿是不可撤销的、无条件的。结算最终性是划分收付款银行权利义务和风险负担的重要时点，该时点的确定标志着提供收付款服务的机构在该笔支付交易中权利义务法律关系的"结束"。同时，传统电子支付方式在法律上明确结算最终性的确定时点，也是排除适用破产"零点法则"的客

观需要。"零点法则"是指破产宣告从破产宣告之日的零时起开始生效的破产法规则,所产生的后果是当日凌晨至宣告破产时这段时间内的所有交易都是无效交易。由于商业银行和支付机构与账户所有人之间为债权关系,一旦有机构破产,根据"零点法则",其从午夜到法院裁定宣布之前进行的支付都会受到影响,而这与结算最终性存在矛盾。因此,国际上普遍通过立法予以特别规定,排除"零点法则"在支付结算领域的适用,实现对结算最终性的确定性保障。而数字人民币天然具有结算最终性,不受"零点法则"的影响,具有法律确定性。这是因为数字人民币具有物权属性,用户享有钱包内数字人民币的所有权,用户钱包内的数字人民币不属于运营机构资产,不计入运营机构的资产负债表。同时,从数字人民币系统层面看,一旦支付指令通过有关系统验证,便具有无条件执行和不可撤销的特点,支付结算完成的时点即所有权转移完成的时刻,保证了支付结算的最终性。因此,即便运营机构破产,用户钱包内的数字人民币也不纳入破产财产,不受"零点法则"影响。此外,数字人民币是央行货币,央行是流动性的最终提供者,使用央行货币进行货币结算可以更好地保障结算最终性。

综上所述,数字人民币的价值特征是确立用户享有所有权的基础。用户通过交付币串的方式完成支付,在数字人民币所有权转移的同时完成结算,不仅明确了交易用户间数字人民币的权属关系,而且为交易的结算最终性提供了法律确定性保障,避免信用风险、流动性风险等风险。

坚持守正创新 服务实体经济

——中国银联数据服务创新发展之路①

文/涂晓军*

摘要：本文简要分析了金融数据应用趋势，结合中国银联工作实际，介绍了探索数据价值、保障数据安全的概况，并以案例形式重点介绍了创新数据服务、促进产业创新的做法和进展。

关键词：数据服务 创新 发展

一、数字经济快速发展，金融数据应用已成趋势

国家高度重视发展数字经济，已将其上升为国家战略。数据作为五大生产要素之一，是驱动数字经济发展的重要基础。数据安全合规是数据应用的保障和底线，国家密集出台了自上而下层次分明的数据安全相关法律、条例、制度、规范，使数据的采集、流通、应用在安全、公平的范围内正常运转而不逾矩。

随着金融业务逐步进入微利化时代，金融机构需要挖掘数据的应用价值以创新业务与收入模式。中国支付清算协会和中国信息通信研究院联合发表的《大数据在金融领域的典型应用研究》白皮书指出，在金融和支付领域，基于快速迭代的技术进步、业务中积累的大量数据资源、广泛丰富的应用场景，金融机构正将数据广泛应用于经营决策、市场营销、客户经营、业务运营、风险管理等各领域。大数据应用成为金融企业发展的新焦点。

---

① 本文根据作者在第11届中国支付清算论坛上的发言整理。
* 作者单位：中国银联。

二、以应用为牵引，探索数据价值

经过 20 年的发展，中国银联与发卡机构、受理机构共同构建的银行卡跨行支付网络，在业务规模、服务质量、功能丰富性等方面取得了非凡的成绩。基于跨行支付业务发展及成员机构服务等工作需要，中国银联依据《银行卡清算机构管理办法》等法规和制度，存储、管理、使用支付业务数据。

中国银联高度重视数据工作，2017 年设立专门团队，统筹开展数据相关工作。基于数据平台建设、数据资源归集、数据治理实施、数据人才队伍建设等基础性工作，推动数据价值挖掘与内外部应用，打造了一批数据应用产品，形成了一系列数据服务解决方案。对内面向总分子公司，支持中国银联内部经营分析、营销决策、用户经营、商户运营和风险防控等工作；对外面向成员银行、行业大商户、政府部门等，提供数据应用增值服务。

对内数据应用方面，一是支持各业务领域的经营分析，为从公司领导到一线员工提供相应的数据洞察和分析服务；二是支持营销全流程决策，包括事前营销方案设计、事中实施监控、事后效果分析等；三是助力云闪付用户全生命周期经营，包括获客期的营销、经营期的用户细分、挽留期的促活等。目前，公司内部的数据应用意识已逐渐深入人心，"拿数据说话"已经成为公司上下的普遍共识。通过数据分析师队伍建设和数据治理人才队伍专项培养计划，已初步形成了初级人员会使用数据、中级人员会分析数据、高级人员会研发数据模型的数据人才金字塔结构。

对外数据服务方面，面向商业银行在银行卡相关业务中的获客、活客、留客需求以及拓展信贷业务等需求提供数据产品或定制化解决方案，通过 API 接口、Web 平台、数据文件、报表报告等方式提供各类数据服务，作为商业银行经营决策的重要参考。根据行业大商户的需求，提供分析报告或咨询等服务，辅助商户开展精细化运营，提高运营效率。此外，根据监管机构和政府部门的要求，配合提供相应的数据内容。

三、以合规为基础，保障数据安全

随着 2017 年 6 月《网络安全法》的实施，2021 年 9 月、11 月《数据安全法》《个人信息保护法》相继施行，国家数据保护法律法规的顶层设计基本完成。行业监管部门也陆续出台了多项规定、规范，细化数据分类分级、个人信息保护、征信业务管理、算法推荐、数据出境等方面的监管要求。这些法律法规和监管要求为企业数字化转型、人工智能及大数据应用等提供了法律保障，是数字经济发展行稳致远的重要根基。

中国银联高度重视数据安全合规与个人信息保护工作。在对数据分类分级的基础上，围绕数据的采集、存储、使用、传输、提供、销毁等生命周期各环节，采取身份认证、权限管理、访问控制、加密脱敏、风险监测、安全评估、应急处置等一系列管理手段和技术保护措施，在安全的基础上提供便捷高效的数据服务。基于合法、正当、必要、诚信、公开透明的原则处理个人信息，在获取个人信息主体授权的基础上，对于敏感个人信息的处理还要求以合适方式取得个人的单独同意。要求数据服务不得有算法歧视，特别强调不能"大数据杀熟"。通过与持牌征信机构合作，在参与征信相关业务的过程中发挥数据价值。

工作组织上，中国银联建立了企业级数据安全保护框架，以确保数据安全和个人信息安全为目标，从组织保障、制度体系、技术手段、培训教育等方面整体设计、统筹实施，将数据安全合规管控嵌入数据处理与应用的各个环节。2022年上半年，中国银联举办了首届"数据安全宣传周"活动。近期，中国银联参加了国家市场监督管理总局、国家互联网信息办公室组织的数据安全管理认证，有望成为首批通过这一数据安全领域权威认证的企业之一。

数据治理作为数据的基础性工作，建立完善的数据治理体系同样是开展数据应用的重要前提。中国银联在人民银行《金融科技发展规划（2022—2025年)》和《金融业数据能力建设指引》的指导下，学习借鉴同业先进实践经验，全面启动公司级数据治理工作，制订了数据治理三年规划，系统性推进七大领域的基础性工作，秉持"以治理为纲，以服务为本"的工作理念，将数据治理要求融入业务开展和系统建设的关键环节，提升数据的规范性和一致性，保障数据治理落地效果。目前，相关工作取得阶段性重要成果，发布5200多张表的数据资源目录、5000多项数据字典，以及570多项指标口径和数据标准，帮助员工"找到数据、读懂数据、用好数据"，夯实数据安全合规、有效应用的基础。

四、以服务为手段，助力产业创新

下面通过几个应用案例，介绍中国银联在开展数据应用服务合作、协助同业机构共同服务实体经济方面做的一些工作。

第一个案例，是辅助发卡银行开展银行卡业务经营决策。中国银联打造了数字化商业地图（U-Map），作为统一的支撑内外部日常经营、决策、管理的数据可视化决策平台。通过这一工具，银行可以全面掌握本行与中国银联有关业务的情况，按照不同产品、不同区域、不同用户的维度，展示自身的相关业务数据，以及与同业对标情况。例如，银行可以看到本行的信用卡或借记卡8月在北京市朝阳区各餐饮类商户的用卡情况，包括刷卡和扫码，以及与其他银行相比同口径的排名。平台还可以对业务的异常波动发出预警，并作出归因分析，帮助发卡银行及时做好客户维护，防范业务风险。

第二个案例，是帮助发卡银行进行睡眠卡促活。2022年7月，监管部门发布《关于进一步促进信用卡业务规范健康发展的通知》，明确了20%的睡眠卡比例红线。发卡银行为了达到监管要求，通常有两种处理方式，即对睡眠卡唤醒促活与直接销卡，而促活自然是优选。在此背景下，中国银联可以发挥自身数据优势，帮助银行洞察行内睡眠卡在全网的使用情况，挖掘高潜力、高价值"睡眠客群"进行重点经营，达到降本增效的目的。截至2022年8月末，中国银联已与近20家银行开展睡眠卡促活合作，这些银行使用中国银联提供的服务后，经过与对照组比较，促活成功率得到明显提高。除此之外，围绕商业银行在银行卡获客、经营及挽留等用户全生命周期的不同阶段，已形成较为完备的解决方案，为发卡银行提供数据辅助服务。

第三个案例，是协助商业银行开展小微企业普惠金融服务。为广大个体工商户和小微企业提供融资服务，既是金融业务中的一个难点，也是国家政策要求、鼓励的方向，特别是疫情过后，普惠金融相关政策密集出台。中国银联帮助商业银行开展普惠金融业务，具有独特的数据资源优势：在银联卡网络中的几千万家商户中，很多是小微企业或个体工商户，中国银联通过对商户交易数据进行建模分析、开发针对性的服务与产品，为商业银行提供涵盖潜客识别、事前评估、事后预警的全流程风控辅助方案，目前已与20余家银行开展合作。银行使用中国银联提供的服务后，目标客户授信率达到15%～20%，较银行采用其他方式开展业务时平均提高5个百分点，运营效率得到提升。其间，在对小微企业开展企业征信、对个体工商户开展个人征信服务时，中国银联坚决贯彻落实征信业务监管要求，通过与持牌征信机构合作的形式提供相关服务。

第四个案例，是在隐私计算技术应用方面的探索。隐私计算作为数据要素流通时代探索多源数据交互新模式、满足数据"可用不可见"合规要求的关键技术，已经得到越来越多的关注与应用。中国银联也基于主流技术自主研发了隐私计算平台，并与工商银行、交通银行、微众银行、国泰君安、中银保信等10余家行业机构围绕高价值客户挖掘、小微企业信贷风控、保险反欺诈等场景开展合作。隐私计算在一定程度上增强了数据交互的安全合规性，在提升各方数据合作意愿、创新业务合作模式等方面起到了积极作用。

当然，隐私计算在技术上仍有待进一步完善，在应用上也面临诸多制约，当前阶段的隐私计算应用仍处于小规模脱敏样本数据试点应用阶段。目前，隐私计算在技术上仍缺少统一的标准，异构平台间难以互通，形成了新的"孤岛"。中国银联也将进一步联合产业各方积极探索，加速推动平台互联互通，促进数据安全、高效、可信地流通使用。

在数据服务创新不断丰富和深化的趋势面前，我们深刻地感受到，数据作为一项系统性的工作，需要从平台、管理、治理、应用等方面一体化推进。数据来源于业务，再通过数据应用反哺业务发展，相辅相成，相互促进。为实现更好的数据应用成效，需要秉持开放合作理念，在强化数据合规意识、严守业务合规底线的前提下，促进各方优势互补，释放数据更大价值，赋能实体经济发展。

中国银联将在人民银行的指导下，继续推进数据服务的守正创新，将为民利企做深做实，持续增强人民群众对高质量金融服务的获得感、幸福感、安全感。

金融普惠

关于老年人支付服务便利化程度的调查与思考

——以江西省抚州市为例

文/潘先栋[*]

摘要：随着信息技术的快速发展，以移动支付和智能终端为代表的数字时代支付服务已全面渗透至各类生活场景，但与此同时，我国老龄人口数量快速增长，老年人面临的"数字鸿沟"梗阻问题日益凸显。为提升适老化支付服务水平，进一步做细做实老年人支付服务工作，人民银行抚州市中心支行组织辖内金融机构通过实地考察、调查问卷、电话回访等多种方式摸排老年人支付服务便利化程度情况。结果显示：老年人使用移动支付工具较少；银行机构基础配备薄弱，适老化支付服务供给不足；老年人移动设备落后，支付服务需求受到制约；老年群体文化程度偏低，支付工具运用步履维艰；传统思想观念根深蒂固，现代化支付推广遭遇抵触；银行机构宣传培训不到位，支付服务质效提升乏力。

关键词：支付服务 适老化 调查

一、基本情况

（一）全市人口老龄化程度继续加深

全国第七次人口普查显示，截至 2020 年末，抚州市常住人口为 361.49 万人，其中 65 岁及以上老年人人口为 42.62 万人，占总人口比重为 16.41%，比 2010 年末相比提升了 9.5 个百分点，全辖人口老龄化程度继续加深，呈现快速

---

[*] 作者单位：中国人民银行抚州市中心支行。

化、高龄化和空巢化发展趋势。

（二）全市支付结算业务快速发展

近年来，随着移动互联网迅速普及，移动支付成为许多人日常生活中不可缺少的一部分。2021年全市共发生非现金支付交易47200万笔、交易金额30883亿元，同比分别增长24%、10%，移动支付业务发展迅速。全市有1812个行政村，累计建成助农取款点3421个，实现助农取款点在辖内行政村全覆盖，2021年全年累计办理各类助农取款业务95.79万笔、金额68336万元。

（三）老年人使用移动支付工具较少

此次调查以抚州市老年人群（60岁以上人口）为社会调查对象，通过银行调查共计发放600份调查问卷，进行100人次现场访谈。调查显示：69.80%的老年人更偏爱使用现金支付，22.90%的老年人偏爱使用微信、支付宝等移动支付，7.30%的老年人偏爱使用银行卡支付；53.80%的老年人从未使用过移动支付工具，70%以上的老年人在日常生活中极少使用移动支付工具。

二、老年人支付服务中的难点问题

（一）银行机构基础配备薄弱，适老化支付服务供给不足

银行网点和支付服务设施是满足老年人支付需求的必要条件，但因老年群体给银行带来的效益比重较低，银行在适老化服务设施上投入产出不平衡问题突出，导致部分银行对适老化服务积极性不高。一是在网点基础硬件设备上，部分银行在网点外仍未铺设无障碍通道，妨碍了老年人对于营业网点的利用；二是在服务举措上，10.27%的调查对象反映网点"老年人服务绿色通道""上门服务""专人服务""老花眼镜等服务设施"均无，表明银行服务措施仍有待进一步完善和优化；三是在生活场景配套上，公共缴费、医院、零售、商超、餐饮等高频生活场景支付手段单一，缺乏传统POS机、自动缴款机等工具的布放，无法满足老年群体使用现金及银行卡支付的需求；四是在适老化功能开发上，国有大型商业银行手机银行App虽然推出"幸福生活版""岁悦长情版""大字版"等适老化版本，相较于标准版，设计简单、常用功能较为清晰，但仍存在版本切换入口不易查找、子栏目设置冗余等问题，而地方性法人金融机构改造工作滞后，作为服务"三农"主力军的农商行和村镇银行尚未对手机银行App进行适老化改造。

（二）老年人移动设备落后，支付服务需求受到制约

在本次调查中，仅有256人拥有智能手机，约占总受访者人数的42.67%，超过半数的受访者在使用非智能手机作为日常移动通信设备，无法满足移动支付的硬件要求。在智能手机更新迭代越来越快的今天，仍有大部分老年人的移动设备是老年机，只有简单的接打电话、发送短信的功能，他们的手机无法安装各种支付工具的App，更谈不上享受支付服务。从智能手机的主要使用用途来看，接打电话、观看视频、聊天的占比为86.50%，微信、支付宝等移动支付的占比为10.17%，网上购物的占比仅为3.33%。老年人使用智能手机的能力和水平明显较低，难以充分享受智能手机多样化、方便化、快捷化的功能性服务。

（三）老年群体文化程度偏低，支付工具运用步履维艰

调查结果显示，91.67%的老年人学历在初中及以下水平，这导致老年人在使用支付工具过程中存在一定障碍。一方面，老年人对于现代化支付工具不了解，也理解不了相关功能的介绍；另一方面，银行出于支付安全的考量，要求设置较为复杂的密码，而复杂的密码操作让老年人在心理上产生焦虑。在所有拥有智能手机的老年人中，约有70%的老年人有使用移动支付的经历，其中仅有35%的老年人能够独立完成整个支付过程。一般情况下，移动支付需要依托网络支付平台生成的条形码或二维码作为支付凭证，采用设备主扫或被扫的方式进行支付。这一过程需要老年人熟练操作智能手机，然而对于智力水平和实际操作能力逐渐下降的老年人来说，移动支付技术相对操作难度大，老年人在现实生活中很难适应。

（四）传统思想观念根深蒂固，现代化支付推广遭遇抵触

调查结果显示，32%的老年人表示担心移动支付操作不当会导致财物损失，超过60%的老年人认为使用现金支付更为安全。主要存在以下原因：一是老年人现金支付的观念根深蒂固，喜欢使用看得到、摸得着的现金，对于无法看见自己现金流向的移动支付的安全性持怀疑态度，容易导致对所有移动支付方式采取"一刀切"的抵触心理。二是移动支付技术和操作尚未完善，加之网络电信诈骗现象频出，使很多老年人比较害怕并抗拒使用智能移动机具。三是老年人在自助设备区进行银行卡交易时，由于不会操作导致的吞卡情况经常发生，自身的情绪带动产生抵触心理。

（五）银行机构宣传培训不到位，支付服务质效提升乏力

一是针对老年人支付结算业务宣传培训力度不够。2021年，全市银行机构累计开展支付结算现场宣传171次，发放宣传资料85620份，开展非现场宣传145次，因老年群体的特殊性，非现场宣传的影响力非常有限，而现场宣传的次数和覆盖面明显不足。二是对内部员工和延伸服务站点人员的业务培训不到位。抚州市有623个银行网点、3686名从业人员、4636个助农取款点和农村金融综合服务站，而全市银行2021年仅开展支付结算业务培训92次，培训7500人次，从业人员培训频次和力度的不足制约了农村适老化支付服务质效的提升。三是培训宣传缺乏针对性。目前各银行的支付结算宣传大多面对所有人群，针对老年人的宣传培训较少，在向老年人普及新型支付工具、提升反诈防骗技能等方面仍有较大提升空间。

三、改进老年人支付服务的对策与思考

（一）争取各方广泛参与，构建适老化服务共建机制

主动争取地方政府支持，对银行机构的适老化设施给予适当补贴，调动银行机构的积极性。加强与人社、卫生、市场监管、交通、公安等政府部门的协作沟通，协调各方积极参与，提升支付服务在社保、医疗、税费缴纳等公共服务中的作用，与整治拒收现金、拒绝受理银行卡支付等方面工作形成合力，从政府层面推动公共事业领域服务的拓展。同时，动员社会力量广泛参与，积极构建"地方政府支持、人民银行主抓、银行机构主办、社会广泛参与"的共建共创机制。

（二）完善金融基础设施，推进老年服务示范网点建设

一是结合实际制订《老年人支付服务示范网点创建实施方案》，明确工作标准，并从基础设施、便捷支付服务、服务评价、宣传引导、全流程建设、信息智能平台建设等方面推进老年人支付服务示范网点建设。二是选取服务地方重点银行个别网点先行先试，按照"突出重点推示范，精准聚焦来打造"的要求，努力建设形成一批影响力大、具有标杆作用的示范网点。三是及时总结推广服务示范网点经验，对存在的不足及时加以整改，全面推动示范网点建设，通过示范网点，以点带面，推动辖区老年人支付服务水平的整体提升。

(三) 升级银行产品配备，丰富老年人支付服务供给

一是结合居住地、生活习惯、消费场景差异，深入挖掘老年人日常生活需求，设计出与其衣食住行相匹配、相适应的金融产品，提供老年人金融管家服务。二是城乡分类打造，因地制宜，保留多渠道支付结算方式，满足老年人在各类生活消费场景中运用现金、刷卡以及扫码支付的需求。三是探索普及刷脸支付、声波支付、指纹支付等新型支付方式，为老年群体提供更加便利、友好的选择。四是完善手机银行 App 功能，增加老年人专享窗口，将老年人常用的功能菜单放置在首页，简化老年人支付服务办理流程。

(四) 因地制宜分类打造，创新老年人支付服务模式

一是打造"城区银行网点"模式。根据城区网点退休老年人集中、金融服务需求较旺盛的特点，注重解决老年人在运用智能技术方面遇到的困难，综合运用微课堂、讲座、体验活动等措施教会老年人使用数字产品。二是打造"乡镇银行网点"模式。根据乡镇网点老年客户以农村老年人为主、喜欢使用现金的特点，注重开展好金融知识下乡、上门服务等工作。三是打造"金融服务站点+"模式。依托助农取款点和农村金融综合服务站，将老年人支付服务便利化工作向农村延伸下沉，推出集存取款、转账汇款、医疗、养老保险缴费等于一体的"一站式"金融服务，助推乡村振兴。

(五) 强化宣传教育辅导，提升老年人金融素质

一是找准宣传着力点。以安全便利老年群体使用支付工具为原则，梳理老年人对智能化金融设备"不放心""不会用""不敢用"的问题和困难，组织开展精准宣传培训，确保老年人能用、会用、安全用。二是深入重点场所宣传。深入公园、广场、菜市场、养老院等老年人活动场所，开展"关爱老年群体，金融知识进村社"等专题宣传活动。三是创新宣传方式。运用短视频、直播宣传、情景模拟等创新工具进行宣传推广，向老年人普及手机支付、电子银行等新型移动支付工具，助力老年群体提升反诈防骗技能，打通适老化支付服务的"最后一公里"。

参考文献

[1] 李雨豪. 我国移动支付技术在城镇老年人群中使用现状研究——以 J 市

为例[J].科技创新与生产力,2021,325(2):53-56.

[2] 葛孟超.让移动支付惠及更多老年人[N].人民日报,2020-12-07(18).

[3] 郭世东.对老年人支付服务供给侧结构性改革的思考——以黑龙江省为例[J].黑龙江金融,2021,509(7):46-48.

[4] 杨雪琪,蔡洋萍.老龄化加速背景下我国老年人口金融服务优化问题研究[J].中国中小企业,2019,283(6):109-110.

[5] 张会彪,韩翠瑜,陈修军.普惠金融下农村支付体系建设存在的问题和建议——以佳木斯市为例[J].黑龙江金融,2019,489(11):41-43.

浅析移动支付如何助力乡村振兴发展

——以"最美乡村"婺源县为例

文/徐洋芬　江亦非[*]

摘要： 近年来，随着科技发展进步，支付工具的推陈出新推动了移动支付水平逐年提高，大大提升了我国金融服务质效。然而作为金融服务的薄弱环节，农村地区移动支付发展一直较为缓慢。农村支付体系作为农村经济的重要枢纽，能够盘活农村金融资源、提升农民幸福感，能有效推动农村地区经济发展，对实现乡村振兴战略目标有着重要意义。本文以中国"最美乡村"婺源县为例，分析农村地区移动支付发展的现状和存在的问题，针对移动支付如何更好地助力乡村振兴发展提出初步建议。

关键词： 移动支付　乡村振兴

一、婺源县农村移动支付发展现状

2016年，人民银行婺源县支行开展"金惠工程"以及普惠金融工作，婺源农商银行在全县134个行政村设立了农村普惠金融服务站，主要功能包括支付结算、金融宣传、现金服务、征信管理、消费者权益保护及其他拓展性服务等，可集支付、反假、助农、宣传、保险、社保、话费、网费、水电等代理缴费为一体，促进农村居民的移动支付应用。由于服务站没有统一建设标准，功能齐全的仅十余家，大部分站点选择挂靠在特约商户店面内，服务设施简陋且条件有限。

2019年2月，人民银行、银保监会、财政部、农业农村部联合印发《关于

---

[*] 作者单位：中国人民银行上饶市中心支行。

金融服务乡村振兴的指导意见》，强调要紧紧围绕党的十九大关于实施乡村振兴战略的总体部署，坚持以市场化运作为导向、以机构改革为动力、以政策扶持为引导、以防控风险为底线，聚焦重点领域，深化改革创新，建立完善金融服务乡村振兴的市场体系、组织体系、产品体系，促进农村金融资源回流。在助农政策的影响下，除了地方法人金融机构、农业银行和邮储银行，当地建设银行也加入了农村金融服务的竞争市场，3年来在婺源县共建立了179个裕农通服务点，结合裕农通App将便民支付与信贷服务相结合。这些大大小小的金融便民服务点为婺源县持续深化金融供给侧结构性改革锦上添花，畅通了农民移动支付渠道，普惠金融的社会效应正不断凸显。

二、婺源县移动支付助力乡村振兴面临的问题

（一）农村移动支付发展动力不足

一是在当前优化营商环境的大背景下，金融行业普遍加大对中小微企业和个体工商户的政策支持力度，相对弱化了对农村金融服务的重视程度，农村移动支付发展的内生动力受到影响。二是在我国农村地区，银行网点大多来自地方法人金融机构、邮储银行和农业银行，其他商业银行由于服务对象的选择性和业务的侧重点不同，网点触角没有延伸到偏远乡镇，长期以来的重心偏移导致拓展农村地区金融业务的后劲不足。三是虽然国家每年都会针对农村地区经济发展提出政策要求，但由于县级财政财力有限，对辖内农村移动支付基础设施建设方面投入不够，未出台相关的配套政策奖励措施和约束机制，移动支付服务乡村振兴的积极性不高。

（二）银行方面的投资效益不明显

商业银行是盈利性的企业，在注重社会效益的同时也考虑机会成本。农村地区银行网点的效益普遍低于城区网点，农村地区金融经济的活跃度不高，产出效益不明显。且农村地区移动支付服务点基础设施简陋，需要投入的人力、物力较多。据了解，婺源农商银行建成一个简易模式的服务站大约需要8000元，建设银行婺源支行设立一个裕农通服务点前期需投入5000元。除了基础设施，为了刺激站点的交易量，银行还会对服务点产生的移动支付业务采取补贴和减免手续费等措施，如农商银行按照每笔业务1元的奖励发放给合作商户，平均下来每年

支出补贴 20 万元。后期每个站点每年维护费大约为 3000 元，此外还有培训、维护、巡检过程中产生的其他成本也同样由机构承担。

（三）农村地区移动支付接受程度不高

现今社会虽然智能手机的持有量逐年上升，带动了移动支付产业快速发展，但农村地区移动支付的交易量却呈现不平衡的增长态势。为了追寻更好的生活条件，青壮年劳动力普遍流向较发达地区，偏远乡镇常住人口受教育程度整体水平不高，老龄化严重，认为手机只需用来接打电话，看得见、摸得着的现金才靠谱。这些地区的消费习惯和观念认知导致移动支付的接受程度受到限制，尤其是电信诈骗形势依旧严峻，农村居民在非现金支付的安全性上仍存在疑虑。

三、政策建议

提高农村地区移动支付服务质效是一项需要长期坚持的系统性工程，为了更好地发挥其在乡村振兴工作中的促进作用，除了以人民银行为主导的全金融系统的大力推动和改革创新，政府部门也需要给予充分的政策倾斜，各部门需要形成合力，以上层结构的协调优化促进基层结构的转型升级，从而提高农村居民的获得感、幸福感和满足感。

（一）构建农村地区金融发展的新格局

地方政府作为领导机构，要靠前发力，充分认识到提高农村地区移动支付发展对于实现乡村振兴战略目标的重要促进作用，应该进一步完善支持农村地区金融服务的政策，有针对性地出台相关措施，建议每个乡镇设立一名金融专员，负责在当地开展金融服务工作，疏通金融机构与实体经济的对接渠道，治理辖区金融环境、牵头处理金融纠纷。建议县政府将农村地区移动支付场景建设纳入各乡镇乡村振兴工作的考核内容，同时，从财政预算中规划部分资金作为乡镇奖励金和银行补贴。

人民银行作为金融管理部门，要适当加力，积极引导各商业银行拓宽视野，扩大服务范围，提高农村居民金融服务的可得性和便利度。将金融触角延伸到偏远农村，鼓励银行将营业网点下沉乡镇，在农村布放多种形式的自助设备，增加农村地区支付服务基础设施的供给，形成良好有序的竞争市场，有利于盘活农村的金融资源。通过发放支农、支小再贷款加大对金融机构的信贷政策支持力度，调动金融机构的积极性。

（二）优化农村移动支付大环境

首先是加大支付工具的推广运用。通信部门要提高农民智能手机的持有量，通过"提速降费"、增加销售补贴等方式促进消费，降低农村通信入网费用；同时扩大网络通信范围，覆盖信号盲点。针对不同农村地区人群特点，金融机构要开发手机银行App"大字版""语音提示版""简洁版"等多种版本，增强支付工具的适农性和适老性。其次是加速支付场景的搭建。婺源县作为旅游大县，金融机构应借助旅游资源带来的优势，挖掘更多优质的合作商户，建设更多的助农服务点，或在现有基础上改善服务点条件，争取多元化地提供支付服务。同时，不断延伸服务触角，在商户条件不满足的地方，可将服务点选择在乡政府或村委会。在外观上，可设计统一的服务点标识和视觉风格，提高老百姓的辨识度和信任度；在功能上，除满足金融需求外，可拓展农产品销售、网购和快递物流等生活需求，从而增强大家对便民服务点的需求黏性；在宣传上，利用提供小礼品、降低手续费、发放代金券、消费满减等活动提升当地群众的非现金支付意愿。

（三）加强适农支付政策宣传

金融机构应适当增加下乡宣传的频度和深度，为了让老百姓更加信任，建议宣传人员由金融机构和当地政府金融专员共同组成，也可发动当地对移动支付感兴趣的居民。在宣传方式上以现场宣传为主，重点强化移动支付的使用指导和强调非现金支付带来的便利。面对老年客户由宣传员亲自演示银行卡等非现金支付方法，播放讲解视频，用方言播报宣传内容；面对中青年客户，重点强调移动支付的便捷快速、提供多样化的支付功能、有丰富的优惠活动，还能通过手机银行办理贷款和理财业务。

（四）拓展金融服务点功能

2022年以来，受疫情的影响金融服务点的运营不活跃，存在大量交易量为零的"沉睡"站点。为了继续推动农村移动支付数字化进程，金融服务点的转型升级迫在眉睫。目前，辖内的服务点倾向于选择便利超市或者餐饮店，通常在农户自住房屋内，大致可分为两类：第一类是简易型，布放的机具以POS机为主，客户可使用二维码实现转账汇款等基础金融服务，合作商户作为中介满足客户存取款现金的需求；第二类是标准型，机具升级为新型助农终端，增加了公共缴费、信息查询和存折使用等功能，结合商户自身的经营范围，基本涵盖了农村居民的日常生活所需。为了扩大站点的客流量，建议拓展业务范围，如增加理财咨询、农产品供销、物流配送、网络代购等新型移动支付消费方式，让农村居民逐渐能用、会用、愿用非现金支付工具，充分享受到金融改革发展带来的红利。

（五）增强移动支付场景的安全程度

人民银行借助持续化开展的打击电信网络新型违法犯罪工作，在全辖范围内普及反诈知识，以身边真实的诈骗案例和洗钱案件唤醒人们的金融风险防控意识和消费者权益保护意识，乡镇、村委会可通过广播和宣传栏展示支付安全提示标语，营造警示氛围。参考农商行"金融夜校"模式定期组织银行工作人员对合作商户进行业务培训，增强反诈、反洗钱、反假意识。

商业银行在选择便民服务点的前期，要做好充分的背景调查，通过签署合同来约束商户和银行双方职责，后期要重点做好各个站点的监督巡视工作，调阅后台流水数据查看是否存在可疑交易，仔细甄别非法套现、虚假交易。不定期组织人员前往商户现场查看，围绕营业资质、信用状况、服务质量、支付器具、防火防盗、卫生环境等方面重点检查。对于不符合要求的商户及时终止合作，维护好移动支付服务场所的安全稳定。

关于提升老年人支付服务便利化研究

文/南通农村商业银行课题组*

摘要：伴随我国人口老龄化的加快，老年客户逐渐成为重点服务群体。如何在老年客户群体中推广数字化支付建设，是金融界乃至整个社会共同关注的问题。提升老年人支付服务便利化，可以使老年人从根本上摆脱数字化支付的困境，提高老年人的生活满意度，提升整个社会的幸福度。本文从银行角度出发，分析当前我国人口老龄化现状、老年人面临的支付困境，研究影响老年人支付服务的因素，探讨如何提升老年人支付服务便利化，并提出相应措施和解决方法。

关键词：老年人　银行智能化　支付服务便利化

随着人工智能、大数据等信息技术的快速发展，数字时代的支付服务逐渐向社会生活广泛渗透，改变以往的支付方式，给生活带来了便利。但是我国老龄化程度日益加深，在手机扫码盛行的当下，许多老年人无法享受数字化生活带来的便利，数字化反而成为老年人生活的障碍。

在银行客户群体中，也有这样一群年过花甲的老人：网点自助取款，不知所措；手机自助转账，无从下手；听力视力下降，沟通交流困难。社会老龄化和银行智能化是银行面临的两大现状，如何为老年人营造舒适的数字化支付环境、提升老年人支付服务便利化是必须解决的问题。

一、人口老龄化现状

按照国际通行划分标准，当一个国家或地区65岁及以上人口占比超过7%

---

* 课题组组长：缪钰辰；课题组成员：苏徐鑫、樊春华、黄霞、冯沙、吉杨蓉。

时，意味着进入老龄化社会；达到14%，为深度老龄化社会；超过20%，则进入超老龄化社会。

（一）全国数据

2021年5月11日，第七次全国人口普查结果正式发布：我国60岁及以上人口为26402万人，占我国总人口的18.70%；其中，65岁及以上人口为19064万人，占我国总人口的13.50%，即将达到深度老龄化的标准。与2010年相比，老年人数提高了5.44个百分点。从数据中不难发现，人口老龄化进程的加深是当今我国不容忽视的社会矛盾。自1999年起，我国正式进入老龄化社会，并呈现逐步加重的趋势。2021年5月31日，中共中央政治局在北京召开会议并明确指出：为进一步优化生育政策，实施一对夫妻可以生育三个子女政策及配套支持措施。"三孩生育政策"的正式开放引起了社会的广泛关注，这是我国近年来一项积极应对人口老龄化的全新政策，足见党和国家对我国老龄化现状的高度关注，因此优化措施改善人口结构。

（二）南通数据

第七次全国人口普查数据显示，南通人口数据分布如图1所示。

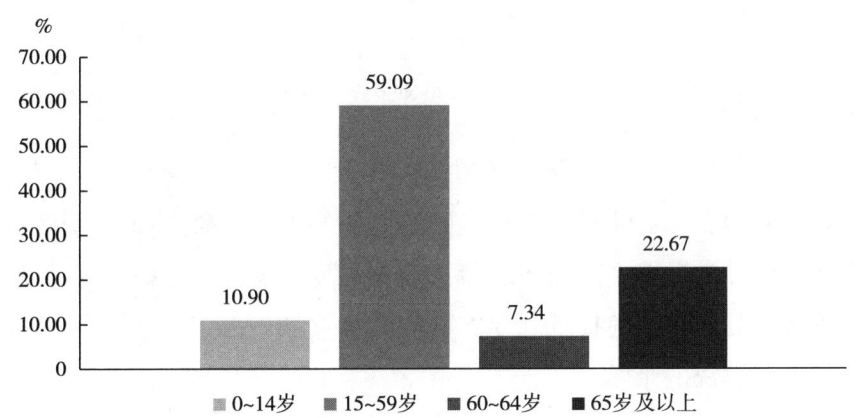

图1　南通人口年龄分布

综上可以看出，南通60岁及以上人口占比达30.01%，而65岁及以上占比高达22.67%，已进入超老龄化社会，在全国所有城市中位居第一。南通的老龄化程度高，源于过去计划生育执行较为严格，独生子女占比较高，因此南通人口出生率比较低。南通0~14岁人口占比仅为10.90%，比全国平均水平低了7个百分点。

(三)银行数据

以南通农商行数据为例,目前本行辖内共有 79 个服务网点,覆盖南通、通州整个区域,立足"三农",服务城乡。根据 2021 年 9 月最新的数据统计,南通农商行对私客户数共计 105.58 万户,其中 50 岁及以上客户达 73.93 万户,占比高达 70.02%,说明客户结构老龄化;传统存款业务客户共计 94.04 万户,50 岁及以上客户达 64.95 万户,占比达 69.07%,说明老龄化客户喜好风险较低的储蓄产品,确保固定收益;而手机银行客户共计 40.24 万户,50 岁及以上客户占比仅为 43.68%,60 岁以上占比更低,仅为 15.56%;网络支付客户共计 33.81 万户,60 岁及以上客户占比仅为 13.12%。不同年龄客户分布如图 2 所示。

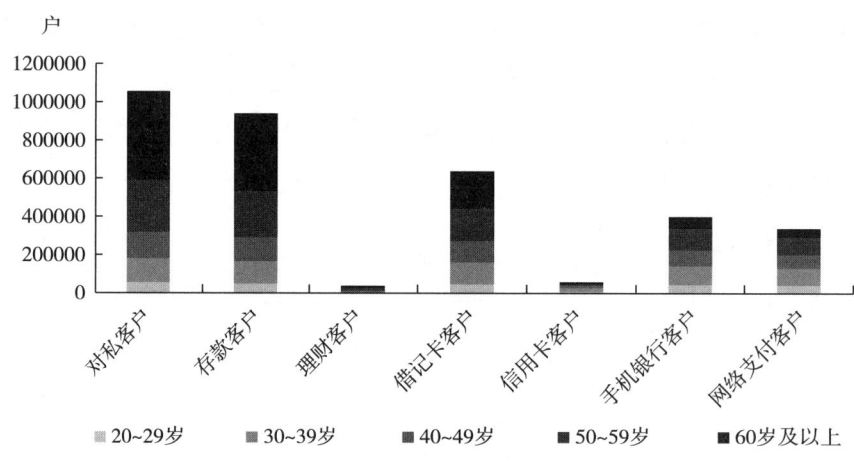

图 2　不同年龄客户分布

综上可以看出,老龄化长尾客户是银行服务的重点对象。如何为老年长尾客户提供有效、便捷的适老金融服务,解决金融"数字鸿沟";如何守住这类老年客群,挖掘客群需求;如何提升老年客群的综合贡献,占领老年客群市场,是银行机构迫切需要解决的难题。

二、互联网时代带来的支付挑战

互联网时代打破了传统的服务界限,创新了多种支付方式,金融机构更多地采用大数据、云计算、人工智能等新兴技术投身于行业的应用、产品的研发;金融科技迅速崛起,加快推动银行网点逐渐向轻型化、智能化、特色化转型发展。与此同时,也给老年客户带来了支付挑战,面临新的难题、新的尝试。

(一) 智能设备"无从下手"

银行网点逐步向"智慧银行"转型,大量引入各类智能化设备,包括 STM、ATM、智能机器人等,进行智慧化改造,将 90% 的柜面业务迁移到智能设备上,从而提升银行业务的离柜率,提升银行网点整体效能。而老年客户来到银行网点,面对更多的是智能设备,面对更多的是屏幕前"无从下手"的按键,从哪里插卡、从哪里拍照、从哪里读取信息,显得茫然又无助。因此,银行实体网点的个性化服务、贴心化服务就变得尤为重要,需要专人热心关注客户是否有自助设备操作需求,需要专人耐心指导客户如何操作智能设备,要让老年客户敢于尝试新事物,不排斥,不惧怕。

(二) 数字金融"格格不入"

银行将金融服务的触角有效渗透到线上线下的各个场景,在提供手机银行、网上银行等线上基础服务渠道的同时,将金融服务平台与客户日常消费、日常社交相连接,微信、支付宝等第三方平台已成为社会公认的社交与支付工具,"数字金融"正席卷而来。客户需要下载云闪付、微信、支付宝等多种支付工具,绑定银行卡进行转账、消费结算等,而对老年客户特别是没有智能手机的客户而言,操作起来着实有些为难,总显得"格格不入",害怕绑卡输入存在泄露个人信息的风险,害怕输入有误导致资金流失的风险,各种害怕、各种担忧,逐渐将对银行的"信任感"演变成"距离感",如何解决这一难题成为银行机构值得探讨的新课题。

基于此背景,银行业积极响应国务院办公厅《关于切实解决老年人运用智能技术困难的实施方案》。方案中明确提到,各大银行必须保留传统的金融服务,任何单位或个人禁止通过任何形式、条款、告示等方式拒绝使用现金支付。为了最大限度加强当前线上消费的便利性,必须通过多种方式与途径强化数字化支付的便捷性与人性化,其中涵盖优化和完善各大金融领域的信息化标准体系、促进机构整体操作流程简单化,并针对老年人群体开发多种符合实际需求的手机软件等。

三、影响老年人支付服务的因素

(一) 硬性差距制约老年人支付服务

据相关数据统计,截至 2020 年末,我国有 9.89 亿名网民,互联网普及率达

70.40%，但65岁及以上网民占比仅为11.20%。随着城市化建设进程的加快，很多中老年人逐步融入了互联网时代的节奏，上网冲浪、购物等成为一种新时尚。但还是有部分农村地区的老年人连计算机、网络、智能手机等硬件设施都没有，确实限制了移动支付的推广应用。一方面，老年人缺少信息化的知识，不知道科技带来的改变，未体验移动支付的便捷，逐渐被边缘化；另一方面，老年人没有人耐心指导，不能掌握线上支付的技能，即使有智能手机，也仅仅只是接打电话，逐渐跟不上支付服务现代化发展的步伐。

（二）"畏难心理"阻碍数字支付推广

1. 不想用。从生理上讲，随着年龄的增长，老年人视觉敏感度下降、听觉能力减弱，身体机能的衰退直接影响其对现代科技的使用与操作。从心理上讲，老年人对于新奇事物的好奇程度和学习能力相对较弱，不太愿意尝试学习新的知识，对新技术越来越陌生，对传统手段更加依赖。当前仍有不少老年人抵触银行卡，坚持使用存折，且偏爱现金支付。

2. 不会用。部分老年人由于思想观念传统、知识储备匮乏、记忆力差等原因，对智能设备的适应过程本身就比年轻人慢。另外，部分子女缺少足够的时间和耐心指导老年人操作掌上银行等金融App，部分老年人也不愿意经常麻烦子女，更多老年人只能自己摸索或者向同龄人请教。

3. 不敢用。一是"怕出错"。随着互联网信息技术的日新月异，其发展速度已经远远超过了老年人的认知范畴，正是这种未知性，导致他们对"数字化产品""数字化金融"产生莫名的不安。面对满是"按键"的自助设备、无人应答的智能机器，老年人往往手足无措，既不知道如何操作，也不知道操作的结果如何，怕失误、怕出错，是主要原因之一。

二是"怕风险"。外部环境的安全性是制约老年人运用智能技术的关键因素。信息化时代下，各类App均植入大量广告，老年人一不小心就会下载垃圾软件、浏览垃圾信息，占用手机内存，导致手机卡顿；严重的还会泄露个人账户信息，影响财务安全，对老年人来说这是他们担心的重要原因，因此很多人选择不去触碰移动支付，避而远之。

三是"怕诈骗"。随着近几年电信网络诈骗案件的频发，老年人面临的问题更加严峻。许多不法分子以"免费赠送""高额利息"等蝇头小利为诱饵实施诈骗，更有甚者冒充公安、法院告知老年人存在"异常交易""参与洗钱"等。无法辨别真伪的老年人往往还没缓过神来，手机银行上的数字就变成了孤单的零。因而一些能熟练使用手机银行的老年人，在办理大额资金交易时仍然选择线下渠道，提高警惕，规避诈骗事件的发生。

综上可见，针对老年人虽然已开展多样的宣传指导工作，包括移动支付一对一使用指导、防范电信网络诈骗和买卖账户危害的主题教育等，但覆盖面极窄、频率极低、内容极简，成效不显著，尤其是农村地区尚未普及到位。

（三）智能服务忽略老年群体诉求

1. 窗口服务不适老。随着自助设备的普及，银行逐渐减少人工柜台的设置，不少银行仅开设 1~2 个窗口。但在这仅有的窗口服务中，大多针对对公业务、票据服务等，很少有银行开设老年人专柜，为老年人答疑解惑，也很少有专为老年人设立的绿色通道，为老年人快速处理"疑难杂症"特殊业务。

2. 智能设备不适老。大部分自助设备、手机银行等智能金融服务介质主要对标年轻客群，设计新颖、画面丰富、功能多样，没有考虑到老年人的使用习惯和智能水平，对于老年人而言并不适用。一是内容布局复杂。智能设备往往内容多、布局紧、字体小，功能页面中重点信息不突出。如在转账汇款界面，收款人姓名、账号、金额挤在一起，老年人视力不好，很容易输错相关信息导致转账失败。二是操作流程烦琐。以老年人常办的取款业务为例，人工柜台只需简单输入密码即可，而自动柜员机需要老年人按照标准流程一步一步按键操作：选择取款功能、输入密码、输入取款金额、确认、等待配钞、取钞、退卡……能够成功取款倒也罢了，稍有不慎还会造成"吞卡"，给老年人带来焦躁。三是识别校验困难。人脸识别、数字签名等新技术的应用，增加了部分中老年客户的负担，如不会签字的老人显得很无助，柜面上原先办理业务可以按指纹，虽传统但方便，而智能设备上却马虎不得，必须亲笔签字。

3. 金融产品不适老。目前我国养老制度还不是十分健全，老年人希望自己的养老金能够保值增值，因而老年人是购买理财产品、国债的稳定客户。老年人考虑投资的安全性大于收益性，更倾向于选择低风险产品；同时为了应对疾病、家庭意外支出，老年人需要资金流动性较高的产品。当前很多金融产品还是针对企业、年轻客群而设计的，可供老年人选择的产品较少。银行急需开发为老年客户量身定制的安全、稳健、特色的养老型金融产品，否则老年人很难体验到人性化、温馨化、有温度的理财和资产管理服务。

四、解决措施和建议

在当今时代，数字化支付已经成为势不可当的一种趋势。无论老年客户是喜欢或是讨厌、是接纳或是排斥，都无法阻止移动支付的脚步，它将成为这个时代的象征，更是需要普及的一种生活方式。银行机构有义务承担这份社会责任，加快提升老年人支付服务便利化，寻求更多的解决方案，帮助老年人解决数字化支付的难题，真正跨越"数字鸿沟"，提高老年人的生活满意度。

（一）改变传统服务方式，创新特色服务

1. 增设服务站点。为更近距离地服务百姓，助推乡村振兴，解决高龄客户到网点较远、等待较久等问题，选择在乡镇区域，特别是小超市、小药店、农资销售点、便民服务中心等，合作增设普惠金融服务点，提供智能取款设备、点钞机、保险箱等，支持百姓小额取款、转账汇款、代缴水电费等多种基础服务，同时提供零钱兑换、金融知识普及等多种增值服务。

2. 分层优化流程。老年人普遍在精力和体力上有较大退化，特别是视力、听力有不同程度的下降，理解力、反应力都远远不及年轻人。因此，在接待他们的服务上也要分层优化。一是针对部分无法到达银行办理业务的老年客户，为老年人提供"上门服务"，实现"银行下乡"，使其在家即可办理金融业务，为老年人提供金融便利。二是对待确实无法站立完成一整套银行流程的客户，取消部分不必要的业务手续，增设老花镜和座椅等基础硬件设施，让其感受到更多的舒适和温馨，避免焦躁不安。三是针对70岁以上客户，可以采取"免取号"等待，设立绿色通道，开辟特色服务，提供老年人专属客服，满足老年人服务需求。

3. 专业服务配备。根据调查结果可知，老年客户由于自身身体或者怕出错等原因，在无专业人员指导时，自己不会尝试独自使用智能硬件设备。由于社保卡的激活、养老金的发放等致使老年客户人群比较集中，所以相关银行要增设服务人员，根据实际情况，进行服务分配，缩短老年客户排队时间，提升业务办理效率。

（二）改进支付工具配置，提升便捷体验

1. 简便操作流程。经过调查研究，老年客户群体在进行App注册等必需的流程时，无法像年轻人一样熟练操作，追求直接、便捷、高效，力求"一步到

位"。因此,银行 App 在设计银行卡绑定以及其他流程时,应该考虑到老年客户的操作习惯,在确保客户身份属实的同时,根据老年客户的意向,对于非必要流程进行省略、简化,实现"一键绑定",从而为老年客户移动支付提供方便,使其愿意使用银行 App,也能获得简便操作的成就感。

2. 优化功能模块。针对老年客群的明显特征,需要设计符合老年客户群体的 App 模块,具有字体大、重点信息突出标注、具备语音服务等特色,从而方便老年客户识别。当老年客户需要进行生活支出、查询、转账时,该模块应操作简单、界面简练、重要功能突出显示等。在银行 App 中,增设"语音求助"的功能,当老年客户存在某些疑问或者难题时,可以通过语音服务快速找到客服,从而快速解决难题,让老年客户体验"安心""快速"的网络服务。

3. 聚焦老年产品。调查显示,与年轻客户群众相比,老年客户更加偏向于低风险、易存取的储蓄存款或理财产品。因此应将此类产品集中部署在 App 主页的显眼位置,滚动播放最新产品动态信息,便于老年客户关注、查询、购买,满足低风险的同时有效保障老年人的稳定收益。

(三)搭建老年支付场景,培养支付习惯

1. 建设智慧菜场。在住宅小区较多、人流较大的区域寻找合适的菜场,进行智能化建设,所有摊位实现互联网收单全覆盖,支持扫码支付,让老年人买菜时体验支付便利,搭建后疫情时代的安全屏障。特别是在菜场结算中配置满减支付活动,以优惠的策略吸引老年客户自主地学习网络支付,享受更多的优惠。

2. 建设智慧药店。随着年龄的增长,伤病疼痛对于老年人来讲在所难免,药店也是老年客户常去的支付场景。与药店形成支付场景的闭环合作,并搭配药店满减活动、促销活动、名医坐诊等丰富多样的活动形式,从而吸引更多老年客户参与,推动移动支付便成了顺理成章的一个环节,老年客户也更愿意接受、自主体验。

3. 建设智慧超市。紧紧围绕老年客户的生活,超市是必不可少的消费阵地。通过对大中型超市的改造,实现全聚合扫码支付,通过满减优惠、支付有礼等活动,让更多的老年客户加入移动支付行列,体验更便捷、更安全的支付方式。

4. 建设智慧交通。日常生活中,中老年客户的出行方式大多是步行、电动车、汽车等;为了安全起见,推崇节能减排、低碳生活,很多人还会选择短途公共交通工具——公交车。宜多推行社保卡"1分钱"乘公交活动,让老年客户感

受到更多的便利与实惠，体现对老年客户无微不至的关注与关怀。

（四）扩大宣传辐射范围，打造服务品牌

1. 厅堂沙龙宣导。支付方式的改变，从之前"看得见""摸得到"的传统纸币支付方式到如今"看不见""摸不着"的数字化支付方式的转变，使老年人对于数字化支付的安全隐患存在很大的担忧，各银行可以通过图画手册、视频的方式，对老年客户经常办理的业务流程、金融产品、手机银行 App 等进行宣传，加深老年客户对于数字化支付方式的理解，促使他们更加熟悉银行部分金融产品。当老年客户办理业务的时候，银行服务人员加以引导，让老年客户能够熟练了解运用手机银行 App，了解银行部分业务流程。

2. 开设老年课堂。为了确保在家的老年人也能够熟练地运用手机银行 App，各银行需要安排工作人员多次下乡，走进社区，在社区人员的协助下，共同让老年人了解手机银行 App 的存在、使用方法，从而提升手机银行 App 在老年人中的"知名度"，帮助老年客户熟练使用手机银行 App。同时，要讲解各种网络诈骗案例，防止老年人上当，提高老年客户对于银行的信任。

3. 提供"三心"服务。银行机构要率先作出服务榜样，树立尊敬老人的意识，加强银行人员的培训力度，积极塑造引导意识，使全员能够更加关注老年人需求，多向老年人讲解业务流程及各种操作方式等，做到"耐心""细心""贴心"，打造各家服务品牌。

参考文献

［1］冯珊珊. 关于银行业金融机构如何提升老年人支付服务便利［J］. 黑龙江金融，2021（3）：1-3.

［2］秦飞，翁晨力. 提升农村老年人支付服务路径［N］. 巴中日报，2021-06-18（5）.

［3］杨占忠. 偏远农牧区老年人支付"梗阻"亟待疏通［N］. 金融时报，2021-02-02（12）.

［4］李建菲. 农业银行提升便民金融服务质效［N］. 农村金融时报，2021-07-26（A03）.

金融基础设施

区块链技术在人民币跨境结算中应用模式探索

——基于数字人民币模式

文/中国建设银行江苏省分行课题组[*]

摘要：伴随着人民币国际化进程的加速，经常项目和直接投资等相关的跨境人民币结算量快速增长对完善人民币跨境结算基础设施建设提出更高的要求。本文在详细分析现有人民币跨境支付系统（CIPS）功能和特点的基础上，提出一种基于区块链技术的跨境数字人民币结算网络（BPN）的框架，比较分析 BPN 与 CIPS 的优劣势，探索 BPN 现有支付系统的融合路径，并提出发展 BPN 尚待解决的主要问题。

关键词：区块链　跨境人民币　清算

伴随着"一带一路"倡议的推进、《区域全面经济伙伴关系协定》（RCEP）落地，人民币国际化进程明显加快，人民币跨境支付增速显著。根据人民银行《2020年人民币国际化报告》，2020年跨境人民币业务量220.49万笔、金额45.27万亿元，同比分别增长17%、33.4%。在新冠肺炎疫情的冲击下，跨境人民币结算量依然保持高速增长。人民币作为跨境交易结算货币的职能进一步加强。本文聚焦人民币跨境结算中基础设施研究，结合当下在支付结算中的理论和实践研究较多的区块链技术，提出人民币跨境结算应用框架，推动数字人民币与人民币跨境结算协同发展。

---

[*] 课题组组长：薛伟；课题组成员：王振亚、蒋祖龙、严政。

一、文献综述

2008年,中本聪(Satoshi Nakamoto)发表《比特币:一种点对点的现金交易系统》,阐述了一种P2P形式下的虚拟货币的构想。自此,区块链作为数字加密货币的底层技术受到越来越多的关注。区块链是一种涵盖分布式共识、加密算法、对等网络和分布式数据存储等技术的综合创新应用,其优势在于去中心化,可以让链上的各参与方在无须彼此信任的前提下进行通信和协作,从而解决中心化网络中单点故障、高成本和信息不可信等问题。

2016年以来,英国、德国、荷兰等国家积极推进区块链技术在金融、政务、能源等行业的应用。在金融领域,42家银行(包括美国银行、花旗、汇丰等大型银行集团)组成R3区块链联盟,推出Corda分布式记账平台。中国建设银行基于区块链物流金融服务系统平台,外连数字化仓储物流企业和供应链科技服务平台,内部打通押品管理和信贷服务流程,实现对大宗商品等存货商品信息的自动采集传输和智能管控。部分科技企业发布企业级的区块链平台,不断探索新的应用场景。

在学术研究方面,区块链研究主要围绕吞吐量、延迟、容量、能源消耗、安全性、隐私问题等方面开展。

1. 吞吐量(Transaction Per Second,TPS)指系统在每秒处理请求或事务的数量,目前,基于区块链的支付网络RippleNet已经可以达到1500笔/秒。直接提高TPS的方法包括增大区块容量、提高区块生成效率、运用侧链技术等。

2. 延迟,即信息确认的时间。通过分片技术(将单位时间内收到的信息分成若干个分片,多个分片并行处理后再汇总),采用新的共识算法可以降低延迟。目前RippleNet中参与方基于共识的总账机制生成记录的时间为3~6秒,即通过RippleNet最短3秒即可完成一次支付交易。

3. 能源消耗。比特币、以太坊等主要区块链在实践应用中,均使用工作量证明共识算法(Proof of Work,PoW),共识过程依赖节点贡献的算力,这些计算实际并不产生社会价值的贡献,同时消耗大量的电力能源。目前,解决PoW能源消耗的主要方向是6 PoW算法的改进,如Eyal等的Bitcoin-NG共识算法。

4. 隐私问题。区块链的技术特点决定存储在区块链上的数据是公开可访问的,每个参与节点都可以无差别地获取数据,且由于节点使用的地址标识,可以通过关联分析等反匿名身份检测技术进行关键目标的识别。因此,存在隐私暴露的风险。目前,解决此类风险可以通过重新定义区块链技术的隐私框架,应用交易混合技术及新的密码学解决方案,如 Zero Coin、Monero 等。

二、现有跨境人民币主要结算渠道

跨境人民币结算是指两个或两个以上国家或地区之间因国际贸易、国际投资及其他方面产生的债权债务,借助一定的结算工具和支付系统实现的人民币跨国或跨地区转移的行为。市场参与方包括银行、专业汇款公司、国际信用卡公司以及第三方支付公司,而主要跨境结算渠道则是人民币跨境支付系统(CIPS)。

(一)CIPS 建设背景

2012 年,支付与市场基础设施委员会(Committee on Payment and Settlement Systems,CPSS)和国际证监会组织(International Organization of Securities Commission,IOSCO)联合发布《金融市场基础设施原则》(*Principles for Financial Market Infrastructures*,PFMI),成为全球公认的 FMI 标准。人民银行和证监会明确以该原则为标准监管国内金融市场基础设施。同时,传统清算行、代理行模式在结算效率、稳定性方面已无法满足市场主体的需求,清算层级多、路径长,报文兼容性有限导致效率低,清算时间受限。因此,加强人民币跨境清算基础设施建设,打造高效的人民币跨境支付清算渠道被提上日程。2012 年,人民银行启动 CIPS 一期建设,其运营主体是跨境银行间支付清算有限责任公司。2015 年 10 月,CIPS 一期成功上线运营。2018 年 3 月,CIPS 二期上线,在实时全额结算模式基础上引入定时净额结算机制,实现流动性更为节约的混合结算机制。2021 年 8 月末,CIPS 共有 67 家直接参与者和 1144 家间接参与者,服务实际覆盖 167 个国家和地区的 3000 多家银行法人机构。

(二)CIPS 业务规则

1. 系统参与者。CIPS 对系统参与者实施分级管理,包括直接参与者和间接参与者。直接参与者具有 CIPS 行号,开立 CIPS 账户,可以通过 CIPS 办理人民币跨境支付结算。间接参与者同样具有 CIPS 行号,但未开立 CIPS 账户,可以委托直接参与者办理人民币跨境支付结算业务。目前,直接参与者主要是境内的银行和金融市场基础设施运营机构。间接参与者涵盖了境内外的银行机构和企业。

2. 清算规则。CIPS目前采用的是实时全额结算和定时净额结算的混合结算模式进行结算，对直接参与者逐笔发起的支付业务进行实时全额结算（Real Time Gross Settlement，RTGS），对直接参与者批量发起的支付业务进行定时净额结算（Delayed Netting Settlement，DNS），直接参与者其对开立的CIPS账户进行支付，并以CIPS发送的支付处理通知报文或支付报文作为记账依据（见图1）。

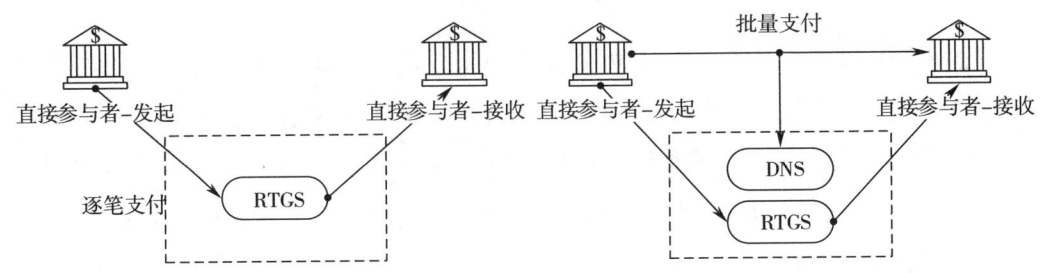

图1　CIPS直接参与者清算模式

（三）CIPS面向企业客户的直连服务：标准收发器

为进一步提升跨境人民币业务量、对标SWIFT，CIPS于2021年5月面向企业客户发布标准收发器产品。企业客户通过与银行直连的方式可以在客户端一键发送跨境收付款业务，克服了之前跨境人民币业务流程长、时效低、资金节点状态不透明的缺点，支付效率提升50%，手续费降低70%。CIPS标准收发器具有一点接入、集中对账、支付追踪等功能，通过收发器中支付追踪功能，客户可以实时掌握支付进度，了解各个环节出现的费用，进一步实现资金头寸的预管理，全面提升跨境人民币收付的业务处理效率。

三、基于区块链的跨境人民币结算新模式

目前，CIPS的跨境结算架构依然为传统中心化的支付清算模式。为进一步提升跨境结算效率，本文提出一种基于区块链的跨境人民币结算网络（Blockchain Payments Network，BPN）。作为人民币跨境结算基础设施，BPN是一个涵盖基础数据、信息交换、信息验证等关键技术的跨境支付清算体系。

（一）跨境人民币结算网络的组成

跨境结算网络是一种为用户的跨境支付提供即时结算和追踪的解决方案。跨

境结算网络的基础协议是跨账本（InterLedger Protocol，ILP）协议，其中的 ILP 用于连接不同账本或支付网络的协议。ILP 协议本质是一套基于互联网发送支付的规则，基于 ILP 的支付类似于收发邮件，ILP 主要解决跨境不同银行之间支付缓慢的问题，不同银行基于 ILP 协议可以直接进行实时支付。跨境结算网络至少应拥有的四个基本组件，即信使、验证器、IPL 分类账和外汇行情。各组件交易机制如下。

信使（Messenger）：为参与跨境结算网络的金融机构之间实现信息交互。其中包括风险与合规性、费用、汇率、付款明细，以及资金交付时间等信息。

验证器（Validator）：以加密的方式确认交易的成功或失败，并跨账本协调资金流动。金融机构可以运行自有的 Validator 或者依赖第三方 Validator。

IPL 分类账（ILP Ledger）：当 ILP 在现有的银行账本中实现时，就形成了 ILP 分类账。ILP 分类账作为子分类账，将用于追踪交易各方的信贷、借记和流动资金。且 ILP 分类账使交易各方能以点对点的方式结算资金，而这就意味着交易要么及时结算，要么立刻终止。

外汇行情（FX Ticker）：主要用于定义交易方之间的汇率。它还将追踪每个已设置的 ILP 分类账。

BPN 网络各组件交易机制如图 2 所示。

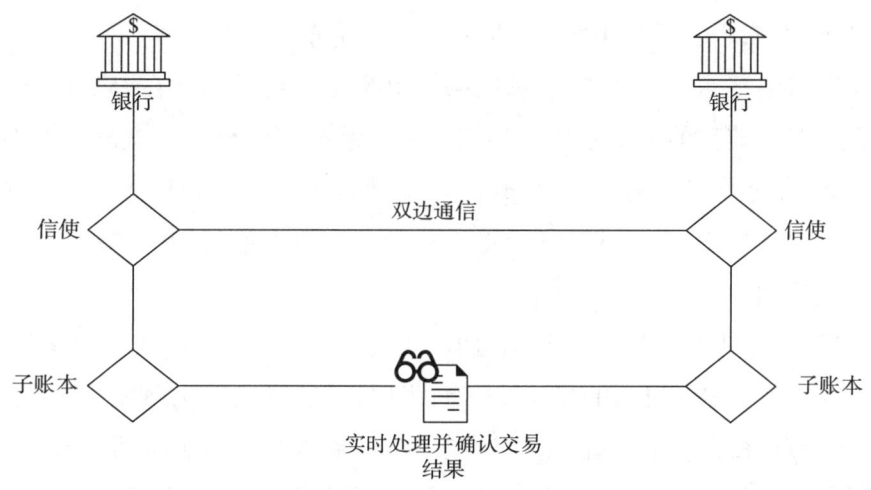

图 2　BPN 网络各组件交易机制

在跨境结算路径上，BPN 提供一种去中心化的清算方式，即无须提供第三方中心的介入，网络中的参与方就可以达成共识，以极低的成本完成支付，达到

"支付即清算"的效果。同时,在跨境支付网络的基础上,开放式应用程序接口(Open API)和软件开发工具包(SDK)等标准化的接口允许银行和其他金融机构在网络内进行交互,减少结算网络之间的交互产生的延迟,并允许网络参与者将票据或其他信息附加到交易信息中。

(二)BPN 的交易媒介:e-CNY

在 BPN 网络中,数字人民币(e-CNY)将作为交易的桥梁,即跨境交易的处理和确认依托的是数字人民币作为数据资产的传输(见图 3)。在此过程中,人民币作为直接兑换其他货币的中介,BPN 中的外汇清算组件将提供依据实时汇率兑换服务,由于支付时间极短(一般只有数秒),所以可以忽略汇率波动产生的汇兑差异。

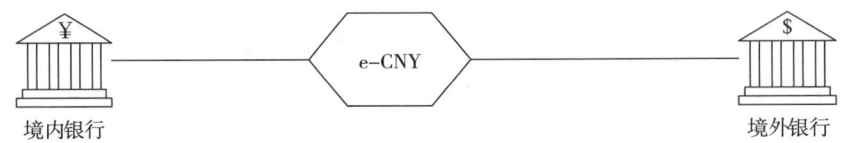

图 3 e-CNY 交易示意图

(三)BPN 与 CIPS 特点的比较分析

目前,跨境人民币清算主渠道是 CIPS,其中直接参与方、间接参与方委托代理模式依然存在,相较于 CIPS,BPN 具有以下优势。

1. BPN 是一个去中心化的清算网络。BPN 中,支付建立在 P2P 的网络基础上,因此,具有典型的去中心化的特点。BPN 系统可以分布在全球各个节点上,通过相互联系的节点,构成整个 BPN 金融数据库。同时,BPN 的准入门槛较 CIPS 更低,更容易被中小银行所接受,易于成为中小银行拓展跨境人民币支付清算业务的渠道。

2. BPN 的交易效率更高。由于采用区块链技术,网络中的支付在参与者之间直接发生,避免了中介机构的参与。CIPS 采用传统树状层级架构,即运营方管理直接参与者节点,直接参与者管理间接参与者、企业用户和个人用户节点的模式,涉及的节点多,业务流程较长,系统分散,支付清算的稳定性容易受单个节点影响。

3. BPN 拥有更高的支付安全性。BPN 中的加密技术保障了支付过程的安全性。不同于 CIPS 主要依托账户管理保障资金安全,BPN 通过不对称加密的方式确保各方资金转移的安全。首先,通过特定的算法,确保支付交易数据无法被篡改，因而更具公信力；其次，通过不可篡改的时间戳，确认 e-CNY 在不同用户传递的确切时间，确保交易的有效性和真实性。由此，确保 BPN 可以不依托中介机构完成陌生双方的支付确认。

4. BPN 解决交易不透明问题。区块链技术本身具有很好的数据隐私保护效果，通过公钥计算发布有效的账户地址，从而隔断账户地址与账户持有人真实身份的关联，通过本地生成的私钥，用户可以在区块链上自主完成交易。虽然在区块链网络上能看到交易的细节，但无法对应现实世界的具体交易对手，因此，无法控制非法交易。但 BPN 上的 e-CNY 收付款账户具有的非匿名性，很好地解决了 BPN 信息不对称的问题，有利于反洗钱等活动的展开，极大地提升金融监管水平，有利于维护金融市场的稳定。

（四）BPN 网络与现行跨境支付机制的融合探索

BPN 的网络无法直接脱离现有支付体系而存在，须进一步验证其与现有支付体系的融合度，主要包括以下方面。

1. 探索分布式账本技术在大额支付场景中的应用。具体包括测试交易方数量，交易方距离、有无流动性节约机制，交易方故障、格式错误对系统性能的影响，旨在获得以下测试结果：一是 BPN 是否可以满足参与方实时全额支付的性能需求；二是 BPN 网络规模和性能之间"此消彼长"关系的影响；三是参与方网络节点的故障和数据格式错误对网络效率的影响。

2. 探索不同币种转化间的券款对付（DVP）模式。由于 BNP 涉及不同币种之间的转换，这种转换可能给系统带来一定的复杂性。因此，需要测试全球主要支付货币对 e-CNY 进行 DVP 模式汇兑并支付给系统交易速度、流动性和结算带来的影响。

3. 探索 BPN 支付跨账簿支付的同步性。BPN 跨账簿的同步性需要测试不同账簿支付方式的安全性和效率，具体场景包括"付款在账簿内结算还是在账簿外结算""资金冻结""自动支付机制""代理支付"。针对支付方式，还须关注"银行卡清算机构""非银行支付机构""预授信""简单转账"等不同支付方式带来的清算差异。

四、存在的问题及相关建议

基于区块链技术的 BPN 存在以下发展限制，尚待进一步解决。

（一）加强支付数据跨境流动安全监管

由于 BPN 网络涉及境内外机构主体，支付数据跨境流动及隐私保护成为 BPN 支付网络普及后首要关注的问题，这一问题与国家安全、地缘政治博弈等密切相关。目前，我国国际数据战略思维尚未明确，数据跨境流动政策偏于防守。如何运用先进的加密技术手段，平衡支付效率和风险防控，应成为基于区块链技术跨境支付网络的发展方向。

（二）区块链技术性能尚处于实验阶段

目前，通过共识机制、闪电网络以及分层分片技术可以解决区块链技术的性能问题，如 Zilliqa 公有链测试性能已能达到每秒处理 2400 笔交易，Elround 公有链模拟性能在 2 个分片下超过 3500TPS，满足 VISA 日常交易水平需求，而在 16 个分片下，其性能已经接近 5.5 万 TPS，接近 VISA 峰值交易水平。理论上说，通过优化技术，区块链技术可以满足传统清算网络的常态性能要求。但实践中还有一些难点需要突破，网络中的参与方存储负担和带宽压力会随着交易量的增加而不断增长，参与方系统的验证压力必然也随之增加。因此，BPN 网络要达到商用阶段还需更多的探索和研究。

（三）加强国际交流合作，推动跨境支付技术进步

基于区块链技术的 BPN 应用必然给传统的支付清算模式带来冲击，涉及的相关利益主体不仅包括政府、银行、企业、清算机构，还包括非银行支付机构等，目前国外的清算机构、技术企业都在探索如何在跨境支付中应用区块链技术。如何打通不同链之间的壁垒协调技术发展，改善跨链交易过程，将成为 BPN 支付后续研究方向。

参考文献

[1] 王硕. 区块链技术在金融领域的研究现状及创新趋势分析 [J]. 上海金融，2016，427（2）：26-29.

[2] 姚前，全球央行数字货币研发的基本态势与特征 [J]. 中国经济报告，2021，132（1）：9.

[3] 跨境银行间支付清算有限责任公司. 人民币跨境支付系统业务操作指引 [S]. 2018.

［4］王朝阳，宋爽．一叶知秋：美元体系的挑战从跨境支付开始［J］．国际经济评论，2020，146（2）：36－55．

［5］Satoshi N. Bitcoin：A Peer－to－peer Electronic Cash System［Z/OL］. https：//bitcoin. org/en/bitcoin－paper，2018．

［6］Brown R G，Carlyle J，Grigg I，et al. Corda：An Introduction［J］. R3 CEV，2016，15（1）．

［7］Cachin C. Architecture of the Hyperledger Blockchain Fabric［Z］. Workshop on Distributed Cryptocurrencies and Consensus Ledgers. 2016（310a）．

［8］Yli－Huumo J，Ko D，Choi S，et al. Where is Current Research on Blockchain Technology? A Systematic Review［J］. PloS one，2016，11（10）：1－27．

金融账户

商业银行远程开立单位银行账户实施方案探究

文/江 艳 汪澄澄 张 翮*

摘要：近年来，随着互联网产业迅猛发展，电子设备普及率节节攀高，新冠肺炎疫情在全球肆虐蔓延，对公众的行为习惯产生深远影响，深刻改变着传统金融业的生态环境，衍生出多元的线上化的业务场景。与此同时，金融科技手段日新月异，使传统的银行业务处理模式发生翻天覆地的改变。大数据、云存储、生物识别、区块链等技术日趋成熟，快速应用到支付结算业务领域，网上银行、手机银行等线上渠道功能日益完善，为远程开户奠定了基础。2016年，人民银行建立了个人结算账户分类管理体系，为个人远程开户提供了政策支持。各商业银行开始提供电子渠道开立个人Ⅱ类、Ⅲ类户的服务，Ⅱ类、Ⅲ类户的开户数量、交易量不断增长，极大提升了商业银行的核心市场竞争力，拓宽了金融服务的覆盖面，也为商业银行注入了互联网基因。相似地，随着对公业务的创新与发展，也产生了较为迫切的远程开立单位银行账户（以下简称单位账户）的需求。

关键词：商业银行账户管理 远程开户

一、近年来我国账户管理体系的发展

2016年以来，人民银行持续推进一系列账户管理制度改革举措。与以往相比，这一系列改革举措的迅捷性、密集性、丰富性和明细性均有明显突破。改革内容和方向主要如下。

---

* 作者单位：南京银行。

（一）建立个人银行账户分类管理机制

银发〔2016〕261号文、银发〔2016〕302号文对进一步全面推进个人银行账户分类管理、转账管理、交易监测等给出了政策依据；个人账户分类管理机制将个人银行账户分为Ⅰ类、Ⅱ类、Ⅲ类，同时放开了远程开户，丰富开户渠道，拓展支付场景，为发展新型银行业态、拓展金融服务、打造互联网金融的供应链和生态圈创造良好的发展机遇。

（二）强化账户全生命周期风险识别及管控

银发〔2017〕117号等文强调账户开立至存续期间的风险识别和管控，就加强客户身份、开户意愿的核实、可疑交易的甄别与报告、后续控制措施，以及有效防范非法开立、买卖银行账户违规行为，切实提高洗钱风险防控能力和水平，打击新型网络电信诈骗等作出制度安排。

（三）取消企业结算账户开户行政许可

2019年2月，人民银行发布《关于取消企业银行结算账户许可的通知》，要求在当年年底前在全国范围内推广取消企业银行结算账户许可，也就意味着企业账户开户由核准制转为备案制。企业账户开户由核准制转备案制是单位银行结算账户管理模式的重要变革。对于企业而言，该项措施给其带来了诸多便利，不仅节省了时间、方便了企业用户，而且提高了资金使用效率、改善了营商环境。但对商业银行而言，核准制转备案制对单位银行结算账户的持续管理提出了更高的要求。

随着我国经济的发展、金融市场的壮大，多元化金融管理和互联网的普及为单位账户管理带来了变革的方向：一是管理模式的转变。单位结算账户的管理模式从行政审批管理逐渐向市场监督转变，从单纯地以账户为中心进行管理向以客户为中心进行账户管理转变。二是管理侧重点的转变，账户管理的重心从原先的开户环节逐渐向账户的全生命周期管控转移。三是账户体系架构的转变。现行的基本、一般、临时、专用账户体系架构过于复杂，且功能层次不够清晰，账户管理向着简化账户类型、构建功能层次分明的账户体系架构转变。四是管理手段的转变。通过大数据完善账户信息体系，改变原有基于纸质证明材料原件的审核及留档方式，推进远程开立账户，同时提高交易数据采集的时效性和准确性，提高账户监测模型的甄别精度及迭代效率，向数据化账户管理模式进行转变。

二、单位账户管理面临的挑战

(一) 监管层面

在党中央、国务院优化营商环境、扶持小微企业、支持实体经济发展的重大方针政策指引下,人民银行对商业银行账户管理提出了"两个不减、两个加强"的要求,即企业开户便利度不减、风险防控力度不减,优化企业账户服务要加强、账户管理要加强。如何在做好账户风险防控的基础上,优化企业账户服务,是目前商业银行账户管理上面临的极大挑战。

(二) 客户层面

随着业务的创新与发展,账户的使用场景变得更加多元化,如国内及跨境电商平台、供应链金融等,现行的单位银行结算账户体系已不能满足新型业务场景,导致账户的使用游走于现行账户管理边缘,易出现资金及操作风险。同时客户对于账户开立及使用的便捷性、时效性要求越来越高,现行单位银行结算账户管理体系分类过细,办理开户业务的复杂程度较高,且未以客户为中心进行管理,造成存款人重复提交开户证明文件、在多个开户行之间来回奔波,不符合提高账户服务水平、提供优质金融服务的初衷。

(三) 银行展业及经营层面

对于规模较小的区域性银行来说,受制于监管要求,其展业范围往往具有较高的局限性,网点覆盖面不及国有大型商业银行及股份制银行广泛,在人力资源配置上不如大中型商业银行充足,现行账户管理制度中要求的面签、上门尽职调查等硬性要求大大提高了小型商业银行的经营成本,成为其业务发展的掣肘。

三、远程开立单位账户风险与影响

(一) 远程开立单位账户的特点

远程开立单位银行账户是指银行通过面向社会公众开放的通信通道、开放型公众网络,以及银行为特定自助服务所建设的终端设施受理单位客户开立人民币银行账户的申请,并在完成客户身份信息核实后,为单位客户开立银行账户的行为。远程开户不同于传统的临柜开户模式,由客户从自助终端自主发起开户申请,银行审核人员不再能够亲见开户人、面对面审核开户证明文件,而是单纯借助大数据、视频、音频、生物识别等技术核实开户申请人的身份,确认申请人开户意愿的真实性。远程开立账户不再具有卡、折、开户证实书、存单等实体介质,仅以电子化信息形式存储在受理银行的业务系统中。

(二) 远程开立单位账户的需求

目前远程开立单位账户的需求主要有两类。一是远距离不见面开户,主要应用在线上业务场景,以及无网点覆盖地区客户开立账户。二是高频开户,在限定业务场景下同一客户较为密集的高频开户。

远距离不见面开立单位账户的需求主要集中在以下业务场景:电商平台、供应链金融、国际贸易结算等。涉及的客户群体主要为国内及跨境电商平台、供应链上下游客户、进出口贸易型企业、有投融资需求的客户等,客群涉及行业主要为制造业和批发零售业,从规模角度来看特征并不明显,既有大中型企业也有小微企业。此类场景下客户大多数需要开立具有结算功能的结算账户,非结算类账户无法满足业务场景需求。目前单位结算账户开立需要审核开户证明文件的纸质原件,双异地客户必须与法人或单位负责人面对面核实开户意愿真实性等规定,在一定程度上影响了账户开立的时效性,甚至失去了与客户业务合作的机会。

高频开立单位账户的需求主要集中在托管业务和财政账户业务。如同一信托公司项下的多个不同托管产品需在短时间内开立多个单独的账户进行管理。财政部门等行政机关在非税业务及零余额账户场景中,存在每笔缴款需要单独开立账户进行清算核算的要求。资金托管账户及财政类账户风险相对较低而开户频率较高,客户通常希望能够在客户信息未发生变更的前提下简化开户手续、不用重复提供开户证明文件原件、不用每次开户亲见法人面签等。

(三) 远程开立单位账户的风险

目前,实施远程开立账户服务侧的技术如移动设备端信息采集、远程视频、音频等已被广泛应用,日趋成熟,但因社会信用体系不健全等原因面临较多风险。

一是开户时客户身份识别环节。对公账户与个人账户相比难以识别客户身份,远程开户不见面的特点决定了银行经办人员无法亲见法人、无法上门核实注册地址的真实性,判断是否实际经营等情况,无法核实开户证明文件原件,不能判断开户证明文件的真实性。二是动态复核环节。目前对于线下开立对公账户，做好持续客户身份识别及动态监测已属不易，远程开立对公账户对持续开展反洗钱以及账户风险监测工作提出了更高的要求。三是账户使用环节，对于账户线上支付、对账等账户使用环节，缺乏UKEY等身份认证工具的强制校验，对有权人的鉴权等级相对较弱，存在账户被盗用的可能性，进而产生资金风险。四是信息共享及安全，目前客户信息存在"数据孤岛"，跨监管、跨银行、跨区域间信息不对称，数据不及时、不准确，缺乏统一管理部门和获取途径的问题。

（四）远程开立单位账户的影响

1. 商业银行业务转型。商业银行在供应链、产业链、政银合作方面目前有很多场景化的应用探索，单位远程开户模式可以使整个场景平台流程真正贴切和高效。例如，供应链核心企业的上下游企业数量众多且大多遍布全国，地方性银行难以跨区域设立机构，即便机构覆盖完全，全部完成开户也是一个长时间的过程，而单位远程开户实现后，开户线上化流程可嵌入供应链服务平台内环，实现场景内容的完全线上化，开户将不再仅仅是一个独立的业务，而作为一个基础环节出现在各个场景中。单位远程开户的实现，使商业银行所有对公业务线上化成为可能，银行提供的对公金融线上服务将基于对公开户、签约等基本服务形成生态圈，企业将来能够体验到的金融创新产品将更为丰富。

2. 商业银行流程转型。商业银行采用单位远程开户模式将运用大量技术手段和大数据分析工具核验客户身份，评估客户风险。银行原先人工核验及线下材料收集的机械化流程将逐步被统一的线上自动化流程替代，开户服务的智能化、数字化特征越发明显。商业银行传统对公开户模式受限于银行物理网点，企业经办人员必须在网点对公柜台完成人工审核及系统操作。由于对公业务线下流程的复杂性和专业性，使大部分开户工作由银行人员完成或由网点人员指导客户完成，耗时较长且易出错。单位远程开户完全线上化使开户全流程基本实现自助化，商业银行开户流程更统一更高效。

3. 商业银行网点转型。目前，商业银行的网点持续向智能化、轻型化转型。随着单位远程开户的实施，网点人工业务办理区域进一步减少，人力资源重新配置，网点的物理规模、人员规模都将减少，网点的成本投入也会随之减少。但由于单位远程开户需要大量金融科技的支撑，因此系统的开发、测试、维护费用和后台的业务管理、风险管理成本将会进一步增长。

四、远程开立单位账户管理思路

(一) 国外经验借鉴

国外发达经济体对远程开立账户的探索与实践有着较为丰富的经验,我国可立足本国国情,合理借鉴发达国家的管理思路与理念,构建互联网金融生态下的新型账户管理体系。

1. 管理思路与原则。客户身份识别以及账户实名制是世界各国主流银行针对账户管理的统一要求。对于远程开立账户,各国的管理思路略有不同,主要分为两类:第一类是对远程开户持有较为开放的态度,无论开户的方式是面对面还是远程,均由商业银行对账户风险自主进行把握和判断,并对开户结果负责,监管部门主要在事后对商业银行进行监管,主要以美国为代表;第二类是对远程开立银行账户采取更为审慎的管理态度,对远程开户提出比面对面开户更高的规范要求,主要以欧盟和日本为代表。

2. 管理方式。考虑到技术成熟度以及单一认证方式的不可靠性,发达国家在远程开户的过程中多采用多种认证方式叠加的方法,增加客户身份验证的可信度,以确保实名制的落实。其中使用较多的认证方式包括动态口令、电子签名、视频音频、人工智能,以及包括指纹、人脸、虹膜、声纹、活体识别等在内的各类生物特征识别方式的组合。同时,随着金融科技的不断进步,发达国家金融机构会在监管部门的指导下重新审视原有技术认证可能存在的风险隐患,及时更新和强化认证方式。

3. 管理手段。国外一般认为在账户的全生命周期实施持续的、分层分类的管理,是控制账户风险的有效手段。美国、欧盟等国家和地区均要求商业银行在远程开立账户之后,持续对开户主体的身份以及开户资格进行识别和动态跟踪、复核。同时,根据用户的身份认证等级、账户的使用等多种情况,设立不同的账户功能,从而实现账户分层分类管理要求。对于弱身份认证的账户,如远程开立的账户,银行应审慎为其设立账户功能、签约金融产品及服务、设置非柜面交易的渠道以及限额,从而有效控制账户风险。

(二) 账户设立原则

1. 简化单位结算账户种类。在原单位结算账户体系基础上,保留基本账户、一般账户的设置，归并专用存款账户和临时存款账户的分类，改为通过账户管理协议约定账户的用途及使用期限。

2. 建立单位结算账户分级管理标准。参考个人结算账户管理模式，将应临柜开立的结算账户定为Ⅰ类账户，账户功能和管理要求保持不变。将远程开立的单位账户设为Ⅱ类账户，并规定Ⅱ类账户开户时必须校验Ⅰ类基本户信息，同时绑定Ⅰ类基本户并进行转账打款验证，Ⅱ类账户不可取现，限制能够使用的交易渠道、交易限额，仅能用于特定业务场景等。

（三）推进实施安排

鉴于单位开户业务的复杂性，应遵循"统筹规划、试点先行、分步实施"的原则逐步推广实施，并在各阶段坚持分级、分类原则有序推进。

在发展较为领先的区域，选择少数资产质量、管理、技术、风控水平较强的银行机构，进行局部远程开户试点。

从场景选择上，可以针对单位远程开户模式需求迫切的场景先行落地，如大型电商平台、供应链平台、工商全链通平台，或结合当地实际，在科技产业园、教育产业园、政府补贴企业名录等企业类型单一但较为优质的场景下先行推广线上开户模式。

实施初期建议对账户进行分级管理，在账户类型、功能配置、限额设置、渠道权限等方面作一定控制。随着实施方案的逐步推进，逐步将相关标准调整至合理水平，兼顾安全和效率的平衡。

五、远程开立单位账户实施路径探究

（一）远程开立单位账户技术配置

1. 客户身份识别层面。客户身份识别是贯穿账户管理全生命周期的一项重要工作，不仅仅是因为反洗钱管理工作的要求，更是账户管理内生的需求。客户身份识别的外延已从生物特征识别扩展至一系列身份信息及影像的校验。

（1）数据融合及共享。通过市场监管、人民银行、商业银行、公安等部门系统的互联互通，搭建数据共享交换平台，实现风险预审核，综合风控机制。例如，银行账户风险信息与市场监管系统共享，银行获得工商变更、吊销等风险信息，进而进行风险防范；市场监管部门可获得法人多户的提示，确认是否有违规申请情况；银行账户风险信息与公安系统共享，银行可及时获取涉案账户信息，公安部门可及时进行账户信息查询和线索收集。在建立数据交换平台的基础上，针对各业务系统的技术和体系结构，配置各业务系统的数据交换映射关系，形成各业务系统的应用。平台建好后，各业务系统应用可以任意扩展，添加新的共享数据。

（2）电子证照、电子印章的应用。电子证照、电子印章的核验是实现远程开立单位账户必不可少的两项技术。银行可与工商、公安等部门系统进行对接，电子证照可以解决不见面开户时无法验证开户证明文件真实性的问题，而电子印章的核验，可以在现行的支付结算制度下，解决账户印鉴的建立必须临柜的问题，同时可以确保账户印鉴的真实性。

（3）统一技术认证规范，制定技术国家标准。目前商业银行人工智能方面的应用缺乏技术认证规范和国家标准，如生物识别技术已应用到很多领域，然而金融领域没有相应的国家标准和规范，目前仅能作为辅助证明，不得替代面核。可出台相应办法，确认在远程开户模式中相关客户身份识别、业务风险识别的技术认证方式及国家标准，提高银行线上业务风险水平的同时提高客户身份自证能力和客户身份信息的安全保护能力。

2. 业务系统改造层面。参照个人账户分类管理，设立企业电子支付账户（Ⅱ类户），即提供存款、购买投资理财产品等金融产品、限定金额的消费和缴费支付等服务的人民币活期结算账户。构建企业电子支付账户体系，商业银行提供核心系统、理财系统、直销银行等形成完整的平台支撑。企业电子账户体系分为前端和后端两大模块，风险监测与数据分析贯穿始终。前端为客户使用侧，包含客户注册与预受理、客户人脸识别与视频认证、客户开户流程环节和开户回访；后端则为商业银行系统管理侧，包含用户申请、用户管理、参数调整及安全管理（见图1）。

（二）远程开立单位账户业务流程设计

1. 客户在直销银行、微信银行、手机银行等线上在线端口进行开户申请，登记经办人及企业基本信息，提交开户证明文件影像。

2. 系统自动带入市场监管信息，同时客户完善基本户账户绑定。

3. 系统自动校验信息，法人通过平台在线核实意愿，并留存记录，开户银行对开户申请进行审核，审核通过后系统生成Ⅱ类账户账号。

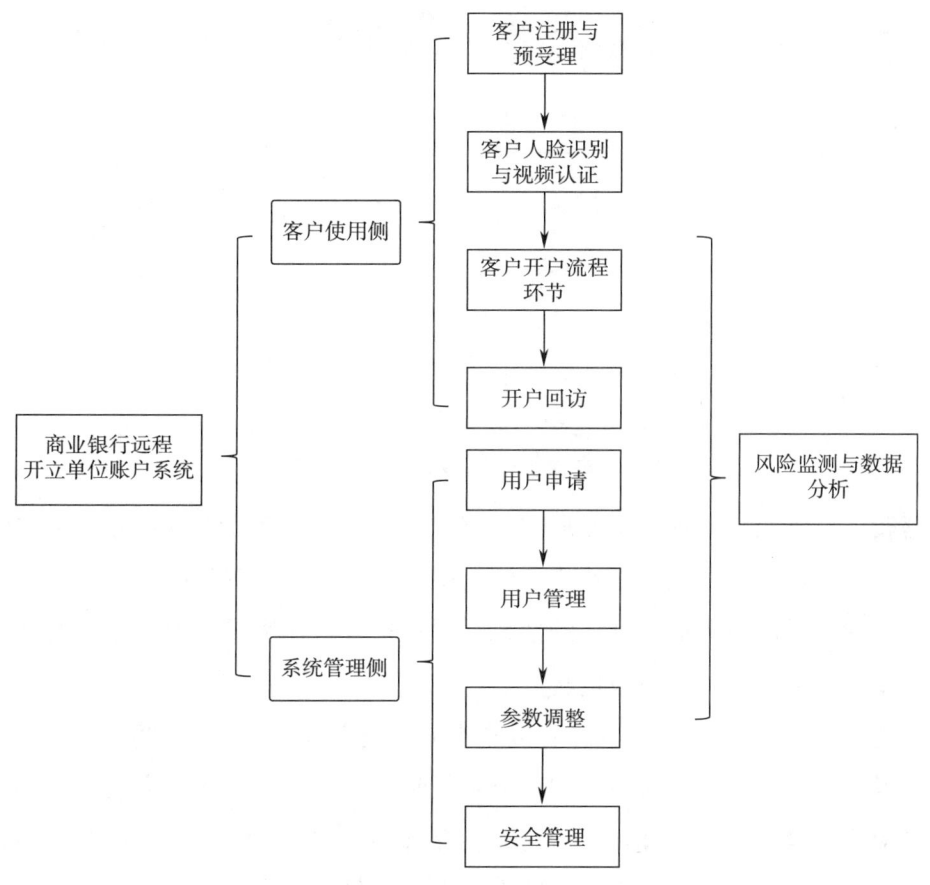

图 1　远程开立单位账户系统流程

4. 通过公安部门统一的印章管理系统，在线验证客户身份后，同步线上预留印鉴。

5. 客户操作绑定基本户向电子账户进行打款，系统校验同户名且打款成功后Ⅱ类户激活。

6. 账户激活后，行内系统自动采集账户信息及影像，直接向人民银行账户管理等系统进行备案。

远程开立单位账户系统子流程如图2所示。

（三）远程开立单位账户团队规划

1. 设立跨条线专业协同管理机制。围绕以客户为中心的账户管理制度，落实单位账户"如何实施"，负责远程单位账户系统配置、团队建设及相关规章制度的落实；业务条线落实单位账户"如何准入"，负责开立远程单位账户客户的

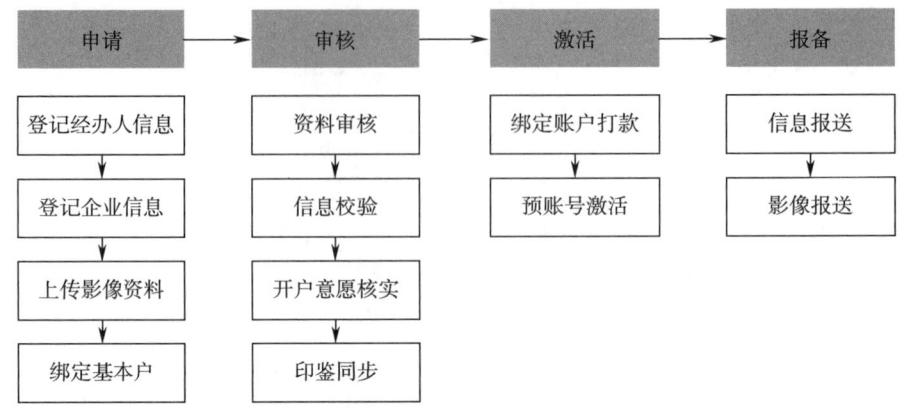

图 2　远程开立单位账户系统子流程

管理落实；风险条线负责单位账户"如何防范风险"，负责账户管理与反洗钱管理有机结合，提供反洗钱管理及账户管理中客户与账户的有效衔接，防止出现岗位断档、权责不清或者拖沓延误的情况，明晰条线管理逻辑，保障业务管理程序严谨，促进业务流程顺畅高效运转。

2. 建立专业化账户团队。建立健全账户管理团队，实行专业化人才团队建设，确保岗位职责明确，账户管理环节责任到人。通过专业化序列设立，强调岗前准入资格，确保账户管理团队人员均熟练掌握账户管理相关监管文件、政策，高标准选拔团队人员，确保账户团队人员专业水平和综合素质，打造一支账户业务人才"精兵库"。

参考文献

[1] 人民网．坚持以供给侧结构性改革为主线［EB/OL］．［2019－02－14］．http：//opinion.people.com.cn/n1/2019/0214/c1003－30670417.html.

[2] 中国金融网新闻网．推进银行账户管理改革［EB/OL］．［2019－02－25］．http：//www.financialnews.com.cn/ll/gdsj/201902/t20190225＿155151.html.

[3] 聂娜．G银行江西分行单位银行结算账户开户风险管理研究［D］．南昌：江西财经大学，2017.

[4] 常鸿雁：我国第三方跨境支付现状及其发展对策研究［D］．杭州：浙江工业大学，2015.

［5］朱桐新，张爱辉：重构我国银行结算账户管理制度的思路和建议［J］.时代报告，2011，80（7）：20.

［6］何燕，于静．远程开立银行结算账户存在的问题及完善建议［J］.中国管理信息化，2015，318（24）：17.

［7］黎明，谭亚勇，刘春梅，等．新形势下我国企业银行账户管理问题研究［J］.海南金融，2019，373（12）：77-81.

［8］雷起云，杨维平．基层央行人民币银行结算账户管理中存在的问题及对策［J］.现代商业，2016，436（27）：121-122.

［9］李震：商业银行单位结算账户管理和风险控制研究［D］.武汉：湖北工业大学，2018.

［10］王雪韬：银行账户远程开立的国际经验借鉴及启示［J］.浙江金融，2015，446（9）：30-35.

单位银行结算账户在基层管理中存在的问题及监管建议

文/张 可 陈 琳*

摘要： 2019年，中国人民银行宣布在全国范围内全面取消企业银行账户许可，人民银行的工作重点由事前审核，转为对企业银行账户的事中、事后核查。根据基层人民银行近两年的监管实践，单位银行结算账户在基层管理中仍存在企业信息共享性差、账户管理系统部分功能有待完善、部分核准类账户存在制度依据不足等问题，本文据此提出了加强信息共享、强化信息比对等政策建议。

关键词： 企业账户　账户核准　账户监管

一、存在的问题

（一）企业信息共享性差，尽职调查存在风险隐患，备案类账户风险管控难度较大

一是对商户真实性审核缺乏官方认证渠道，开户信息比对效率低，客户传送资料跑路次数多。目前银行对客户身份真实性的尽职调查仅依照纸质版营业执照，查询企业信息主要依赖企业工商网站或企查查等第三方网站。由于企业营业执照注册流程简便、网站公示的注册信息单一，因此信息真实性、及时性和准确性难以保障。二是无法准确识别部分个体工商户注册地址的真实性。对部分非常规经营的实体单位，营业场所设定在自身家庭住所内、无固定营业场所或经营场

---

* 作者单位：中国人民银行晋中市中心支行。

所与注册地址不匹配，难以辨别其生产经营场所、经营范围的真伪，增加了开户尽职调查难度，存在出租、出借、买卖银行账户违法风险，进而成为电信网络违法犯罪的滋生土壤。三是对客户经营真实性的审核内容趋于形式合规。目前绝大多数银行对客户的实际经营情况局限于拍摄门头照、询问考察法定代表人（负责人），缺乏对商户真实经营情况的跟踪审核（巡检），尤其是法人机构在制度建设与系统机制方面对商户风险交易的动态监测存在欠缺，未能实现按照其交易流水动态复核其经营真实性。四是对市场监管部门颁发的集群注册证件的商户，开户审核难度大。集群注册证件的商户虽有经营地址，但都集中在某个地点且无经营牌匾，这类账户上门也无法核实其真实性。

（二）人民币银行账户管理系统部分功能有待完善

一是新开立企业非预算专户与一般存款账户录入信息单一，易引发错开、漏开等问题。上述类型账户属备案类账户，在人民币银行账户管理系统中的开户录入环节，系统设定仅需录入基本户核准号，不需要录入非预算专户/一般存款账户单位名称及其他相关信息。曾出现银行网点人员因基本户核准号单项输入，未进行进一步的复核或比对，导致该企业一般户开立在另一基本户下，监管机构非现场检查时才发现，引发了部分客户的账务资金风险。二是缺少证明文件或身份证到期的自动提醒。各类单位主体因营业执照、组织机构代码证、事业单位法人证书、法人身份证等主要证明文件到期，人民银行账户管理人员通过纸质版资料备案，除此之外，难以直接收到到期提醒，无法实现对存量账户的动态监测，导致不能对已到期的账户及时采取管控措施。

（三）备案类闲置账户处置困难，增加运行、管理负担

据调查，部分小微企业因缴纳税款、缴纳员工社保、申请贷款或为银行完成任务冲业绩等多种原因在银行开立账户，但并未有效使用账户流转资金，或因经营不善快速倒闭，使银行存在大量的中小企业账户未能及时履行对账、年检义务，未能及时缴纳账户管理费用、不能配合银行及时销户，给各银行机构带来诸多的管理困难与成本。同时，大量久悬户积存于人民银行账户管理系统中，占用系统资源、增加了系统运行负担。

（四）部分核准类账户存在制度依据不足，基层在业务实操中难以把握尺度

一是核准类账户在开立过程中，部分单位开户证明文件、单位编制与账户文件规范要求不符，在核准过程中存在部分"灰色地带"，缺乏明确的制度依据。

随着事业单位改革的深入推进,公益一类事业单位的体制性质发生变化的情况时而有之,但相应证明文件未及时变更。在2003年施行的《人民币银行结算账户管理办法》及2005年的《人民币银行结算账户管理办法实施细则》中未对此类情况进行明确规定,如县域国有林管理局、公路局等,原属省级事业单位(自收自支),由于之后被纳入省级预算范畴(财政厅预算备案名单有更新),单位性质转变为"预算管理的事业单位",需要撤销原有账户重新开立。开户单位自称所提供的开户资料证明文件未变更,仍然为自收自支的事业单位,拒绝销户重开,并自主开设一般存款账户用于贷款业务。而根据单位实质已被纳入预算管理的事业单位,针对证明文件和编制性质不符的情况,基层在操作中难以把握尺度。另外,部分基层医疗卫生所无事业单位法人证书或营业执照,隶属于现有医疗集团,持"医疗许可证",按照《人民币银行结算账户管理办法》,未有合规具体的开户证明文件资料。二是部分事业单位因机构撤并或到期已被注销法人资格,但仍在私自使用原单位银行结算账户,人民银行不能及时从属地市委编办获取到有效信息,存在监管漏洞。在基层管理实践中,据当地市政府编制办公室反映,有部分单位已到期或提前被注销"事业单位法人"资格,如辖内交通、住建、林业等部门的诸多下属单位,涉及自收自支、全额(差额)财政补贴,已因各类原因被注销法人资格,但仍在私自使用原有单位存款账户,存在违规、违法的风险隐患。开户银行、属地人民银行对开户文件证明缺乏及时有效的管控措施。三是核准类账户变更时,出现客户系统存续资料与提供信息不一致的情况,现有制度缺乏可操作性指导意见,无法完成变更。如辖内村委会新改制为村长和村书记"一肩挑"。根据规定,各村委会账户法人信息需要进行变更,但变更证明文件统一社会信用代码证的法人信息与文件信息不符。证件信息变更需民政局根据选举当选证才能予以变更,与组织部出具的佐证文件发生冲突,若继续使用原账户,原法人印鉴无法获取,易造成权责不清甚至法律纠纷。

(五)部分单位主体是否处于取消开户许可范围存在异议或执行标准不一

自取消企业银行账户许可后,人民银行出台《企业银行结算账户管理办法》,对于企业法人、非法人企业、个体工商户等纳入备案制范畴,其中部分单位存在界定模糊、难以确认执行标准等问题,如业主委员会、农村经济联合社等类型主体需进一步确认其是否列入人民银行核准范围。

二、政策建议

（一）实现企业开户网上预约功能，联网"一网通办"平台，实现"电子证照"（营业执照）信息共享

按照人民银行深化企业银行账户许可改革的要求和国家市场监管总局"证照分离"要求，应进一步优化企业开户服务、简化办事流程。各地结合自身实际情况，开通企业网上预约开户，推进营业执照"电子证照"的信息共享，将企业开户功能列入地方政务平台，并根据申请人信息抓取营业执照申办过程中的基本要素，完善开户资料，减少客户重复填报，实现企业开办各项手续的"一网通办"。

（二）利用部分省份银行账户辅助管理系统，增加企业银行账户信息录入与营业执照相关信息的自动比对功能

可通过"账户辅助系统"联网地方政务平台，参考有关省份账户业务加入地方政务平台的经验实践，充分利用辅助系统比对银行开户申请要素与营业执照相关信息，实现自动比对，大大减轻人力负担，同时进一步增强事后审核效率与准确性。山西省市场监管局目前已能够实现电子营业执照公示等功能，但是由于信息对接和技术手段的不完善，仍待进一步推行。

（三）完善人民币银行账户管理系统相关功能

在录入一般存款账户、非预算专户信息等环节增加校对项目，如必须输入账户，基本户名称（全称）、基本户账号等信息。针对核准类账户，增加证明文件、财政确认书等到期前一个月的自动提醒功能，并对到期未变更的账户进行必要干预或管控措施。

（四）动员银行机构定期清理整治"不动户""久悬户"

将未年检账户及时设置为"久悬户"，并对3~5年以上的"不动户"主动联系客户销户，对联系不到的客户在各银行微信公众号、手机银行App、当地报纸等平台及时发布销户公告，减轻机构和人民银行管理负担及成本，进一步减少客户非法买卖、出租出借银行账户的违法风险，提升账户管理水平。

（五）补充更新《人民币银行账户管理办法实施细则》，重新划定部分存在异议的主体范围，明确各类主体及其证明文件种类

首先，对存在许可范围异议或执行标准不一的部分单位，根据其单位性质、业务类型、颁发行政许可的必要性等因素，重新划归其核准范围，完善制度依据。其次，实施细则不仅要规范划定核准范围，还要根据我国政策和国情动态更新并完善相应制度标准，如辖内村委会新改制为村长和村书记"一肩挑"背景下，明确以证明文件资料或统一社会信用代码证的信息为主，作为开户审核的必要依据。

（六）建立与本地部门的联动机制，杜绝证明信息"两张皮"

一是加强与本地财政部门联系，每年预算下达后更新享受本地财政拨款与财政补贴的单位名录，遵循实质大于形式原则，按照享受预算管理的真实情况定性存款人类别，对部分非预算管理的事业单位及时更新纳入核准范围，即预算管理的事业单位，对其各项专户的开立需财政确认书及证明文件加以规范。二是联合本地编办部门，出具函书，以半年期/一年期的频率向人民银行公示机构变更、撤并情况，对违规仍在继续使用的账户实行管控措施，提升管理效力。

中小机构

关于农村金融机构发展商户业务的思考

文/毛中华[*]

农村金融机构的政策和市场定位是服务"三农"、服务县域，经营展业区域受限，最多不超过省级行政区范围，导致其拓展包括商户业务在内的各项银行业务的市场空间受到不少限制。商户业务作为一些农村金融机构近年来发力拓展的领域，如何在有限的经营区域内开拓出广阔的市场空间从而实现商户业务长足发展，是一个值得深入探究的课题。

一、找准目标市场，发挥自身优势

农村金融机构发展商户业务首先要解决主要在哪里展业的问题。从经营区域限制和市场发展空间来看，农村金融机构以县域作为商户业务的主要目标市场，既是其所处的经营环境赋予的先天条件，也是其发挥自身比较优势的必然选择。

（一）扬长避短，发挥自身优势

从商户业务的市场竞争态势来看，国有商业银行、股份制商业银行以及财付通、支付宝等支付机构的商户业务在产品和服务能力方面的优势非常明显，农村金融机构难以与其正面竞争。但前者在县域的网点和人员都很有限甚至没有，所以难以深入渗透县域大规模拓展商户业务，并且也难以为县域这样的下沉市场提供发展商户之后的持续服务。

反观农村金融机构，其在县域市场深耕多年，具有"人熟地熟情况熟"的本地化经营服务能力，在自身熟悉的市场环境中拓展商户业务有利于发挥比较优

---

[*] 作者单位：重庆农村商业银行股份有限公司信用卡中心。

势,通过输出网点机构的辐射服务能力和营销人员的地推服务能力,能够以差异化竞争策略建立起独具特色的商户业务"护城河"。

(二)以点带面,深挖县城潜力

县域市场可进一步细分为县城、乡镇、农村。县城既是我国城镇体系的重要组成部分,也是城乡融合发展的关键支撑。随着我国城镇化的深入推进,当前县城已成为乡镇和农村人口流入的重要聚集地,县城及县级市城区人口占全国城镇常住人口的近30%。有人流量的地方才有商业经营,有商业经营的地方必定有商户。鉴于此,农村金融机构发展商户业务的重点应在县城,特别是应深入挖掘县城的本地化商圈、专业经营市场等商户聚集区域的业务增长潜力,同时也通过在县城打造出的商户市场影响力带动乡镇和农村市场的商户业务拓展。

二、找准业务定位,久久为功

农村金融机构发展商户业务其次要解决业务定位问题。通过明确商户业务在总体经营战略中的定位,才能进一步制定符合定位目标的商户业务发展策略。

(一)结合实际,找准业务定位

商户业务主要由以收单结算为基础的特约商户和以权益应用为基础的特惠商户构成,收单的直接效果是归集低成本存款资金,权益的直接效果是打造受理环境。从远期效果来看,通过商户业务沉淀的客户流量、经营数据和品牌效应等,有助于开展贷款、理财、信用卡等金融产品的交叉营销,从而实现更大的业务价值。更进一步来看,一些头部农村金融机构还能通过场景建设、三方合作等方式扩展商户业务的内涵和外延,打开更加广阔的市场空间,从而建成丰富多彩的金融生态圈。概言之,银行对商户业务在其总体经营战略中的定位按照依次进阶的顺序,大致可分为三类:初阶—资金归集型、中阶—综合回报型、高阶—金融生态型。

不同的农村金融机构,其经营区域、资源禀赋和市场地位也千差万别,既有资产规模上万亿元的少量省级农商行,也有局限于一县或一地市经营的资产规模较小的农信社。因此,不同条件的农村金融机构需要结合自身实际情况,权衡单一目标和综合目标、当期收益和远期效果的关系,综合分析后决定商户业务的定位。

（二）持续投入，久久为功

商户业务的发展有其特殊规律，除资金归集型定位能较为快速地反映业务效益外，综合回报型和金融生态型都需要长期持续投入的业务培育期，当期的业务拓展并不能快速反映为即期效益，需要在远期才能逐渐反映。农村金融机构一旦确定了自身的商户业务定位（特别是中高阶定位），就需要保持定力，在商户业务领域持续不断地投入人财物等资源，通过三五年甚至更长的时间在专业队伍、IT系统、产品服务、业务管理、运营支撑、数据挖掘、市场应用等方方面面将整个商户业务的体系建设得较为完备，完成业务培育期的建设任务，才能最终实现厚积薄发。

三、找准发展策略，实现可持续发展

农村金融机构发展商户业务在找准了目标市场和业务定位之后，就需要从基础建设、市场推广、业务运营、价值挖掘等方面入手，制定切实可行的发展策略，不断提升业务能力，抢占和巩固商户市场份额，实现业务可持续发展。

（一）抓基础建设，夯实发展根基

一是达成思想共识。农村金融机构需要加强对全行的思想传导，让大家充分认识到发展商户业务对于助推银行转型发展的重要意义。只有从上至下在思想上重视商户业务，真正做到内化于心，才能外化于行，转化成推动商户业务发展的强大动力。

二是打造专业队伍。"以众人之力起事者，无不成也。"商户业务的发展需要一支专业化程度高的人员队伍。从事商户业务管理的人员首先需要熟悉商户业务的基本知识、监管政策、行业规范、市场形势、发展趋势等，其次还要具备懂经营、善管理、建模式、创产品、谋策划的专业能力。从事商户业务基层营销的人员要熟业务、会营销，能够做好开拓市场、服务商户，将业务管理部署落实和转化为实际的商户规模和业务质效。

三是构建业务框架。在数字化时代，银行各项业务的运行都离不开IT系统的支撑，构建商户业务框架的过程就是建设完善商户业务IT系统的过程。商户业务IT系统集中反映了业务思想和模式，业务框架和系统互为表里、相互融合。因此，农村金融机构要想实现商户业务长足发展，应建设与其业务定位相适配的商户业务IT系统。通常,银行商户业务IT系统按照"1+N"的架构进行建设。"1"是指建设一个提供聚合支付收单能力的核心交易系统,这是支撑商户业务交易的底层平台;"N"是指配套建设若干业务管理系统或服务渠道系统,包括但不限于满足商户业务数字化管理需求的商户管理系统,主要包括覆盖商户业务全生命周期的商户进件、商户审批、商户回访、终端管理、风险管理等功能模块;满足商户收款经营需求的多渠道商户服务系统,主要包括手机银行、微信公众号(小程序)、商户服务平台PC端、收银系统等。

(二)抓市场推广,发挥"近战"优势

农村金融机构在当地具有网点覆盖面广的优势,每个线下网点就是一个金融服务辐射圈的圆心,以网点为圆心建立网格化商户营销模式,能够充分将自身的网点资源优势转化为市场拓展的竞争力。农村金融机构可对网点半径"步行15分钟内距离"范围的商户进行网格化营销,组织网点人员进社区、进商户,针对网格范围内的重点商户、重要场景,通过"扫楼扫街"等现场地推方式下沉到底、落到实处。

(三)抓业务运营,保障业务质效

农村金融机构发展商户业务时要力戒"重拓展、轻维护",以免形成大量无交易的"睡眠"商户,否则,不仅浪费前期资源投入,也偏离了发展商户业务的目标。商户拓展人员应通过系统查询等方式持续关注所管理商户的交易情况,并对商户进行定期回访,跟踪查看码牌等收款工具的布放情况,对商户进行业务培训。同时,商户拓展人员还可以运用微信群等工具做好商户运营,一方面向商户传递银行的产品服务信息,发挥业务宣传作用;另一方面为商户提供及时的疑问在线解答服务,提升商户的服务体验。

(四)抓价值挖掘,提升业务效益

有研究表明,同一个客户持有2个以上银行产品时,其对银行的依赖度会明显提高,流失率显著降低,并且更倾向于向持有产品更多的银行办理新产品。从业务属性来看,银行的商户天然就是持有多产品的客户,商户要持有银行的结算账户(银行卡)才能实现收款结算,收款后沉淀的资金自然会成为活期存款,查看交易入账情况就要开通手机银行,接收消息通知就要关注微信公众号或绑定语音播报器等。以收款资金的价值挖掘为例,至少可以针对商户挖掘出专属的定期存款、理财产品等。总之,农村金融机构可以通过大数据技术分析商户的行为

特征和偏好,运用数据模型筛选出适配商户需求的各种银行产品,开展贷款、代扣、理财、信用卡等多产品的交叉营销,从而深入挖掘商户的经营价值,实现业务效益最大化。

风险防范

浅析当前 POS 业务推广中存在的问题及整改建议

文/马 燕 牛 耘 景薇薇[*]

摘要： 近年来，全国多个地方出现非银行支付机构（以下简称支付机构）及其外包服务机构在 POS 业务推广中，诱导商户通过扣除部分或全部刷卡资金的形式，单方面收取机具押金、激活费、入网配置费[①]、流量费、增值服务费等费用，引起客户不满，造成了较大的社会不良影响。人民银行太原中心支行对辖内 18 家支付机构投诉情况进行了专项调查，指出当前 POS 业务推广中存在的问题，并从加强特约商户实名制、健全收返机制、规范格式条款、落实本地化管理等方面提出整改建议。

关键词： 首刷类收费 收返机制 格式条款 本地管理

一、基本情况

2021 年以来，人民银行太原中心支行接到多起投诉，反映部分支付机构及其外包服务机构通过电话、微信、网络链接等方式营销 POS 机，营销过程中存在"零费用、低费率"等明显诱导、欺骗客户的术语，通过快递寄送机具并远程指导客户入网，后期通过扣除部分或全部刷卡资金的形式收取首刷类收费、流量费、增值服务费等费用。经初步调查，部分投诉涉及总公司签约的外省外包服务商通过电话、网络等方式销售 POS 机，并邮寄至山西地区客户，客户通过在 App

---

[*] 作者单位：中国人民银行太原中心支行。
[①] 本文将机具押金、激活费、入网配置费等通过扣除首笔刷卡资金收费的项目统称为首刷类收费。

上传身份证件及银行卡照片的方式，远程自助完成实名认证。支付机构总公司审核客户身份证件后办理商户入网，通过山西地区商户上送交易，上送清算机构商户名称与实际商户名称不符。

二、存在的问题

（一）未严格落实特约商户实名制

为快速拓展业务，支付机构开通了客户自助入网服务，客户可通过互联网渠道或 App 手机客户端提交身份证件及银行卡信息，支付机构仅对其提交的相关影像资料进行"远程审核"，甚至仅凭客户身份证件即办理特约商户入网手续，特约商户实名制审核存在漏洞。

（二）未能根据真实场景上送首刷类收费的交易信息

对 18 家支付机构首刷类收费交易信息上送情况进行调查，发现仅有 3 家收费时以"××机构服务费""××机构机具费"等名称上送清算机构；其他 15 家收费时以"××商户"上送清算机构，未能根据真实场景上送交易信息。对 8 家支付机构流量费收费事项进行调查，发现 8 家支付机构收费时均从商户刷卡资金中扣除（以"××商户"上送清算机构），非单独收取。

（三）收返主体不明确，返还流程不畅

对 9 家支付机构首刷类收费收返情况进行调查，发现 4 家收返主体为外包服务商，由支付机构通过扣除商户首笔刷卡资金的方式收取后转至外包服务商；返还条件也由外包服务商与商户自行约定，导致同机构同产品返还标准不统一且无书面约定的协议。调查发现，少数支付机构能够在系统中设置返还参数，保证商户刷卡达标后自动返还；多数支付机构未能在系统中设置返还参数，需商户达标后联系人工客服、外包服务机构或业务员等登记后统一返还，导致商户达标后新增沟通成本，返还等待期较长。

（四）格式条款不合理，损害商户权益

对 9 家支付机构首刷类收费条款进行调查，发现 2 家在银行卡受理协议中约定"乙方（商户）绑定终端后，须支付××元终端服务费，由甲方（支付机构）外包合作机构委托甲方收取，乙方因该笔款项产生的任何争议与甲方无关，由乙

方与外包合作机构沟通解决"等类似免责条款，损害商户权益。对 8 家支付机构流量费收费事项进行调查，发现普遍存在未明确约定流量费的收取时间、金额及周期等信息，流量费收取事项只通过格式条款约定的问题。对 3 家支付机构秒到费、资金保险费等其他名目的增值服务费事项进行调查，发现均存在通过格式条款约定在某种条件下为商户默认开通增值服务费的情形，损害商户知情权、自主选择权。

（五）事前提醒方式较为单一，未充分履行告知义务

对 9 家支付机构首刷类收费告知情况进行调查，发现 6 家机构可以通过一种或多种形式对收返规则进行显示；3 家机构未能有效通过协议、产品配套 App、机具屏幕、短信等任一形式对收返规则进行显示，未充分履行告知义务。对 8 家支付机构流量费收费事项进行调查，发现收费前均未通过任一形式进行显示，未充分履行告知义务。

（六）本地化经营管理不到位

个别支付机构外省分公司直接与外包服务商签订外包服务协议，授权其在全国范围内拓展商户，导致出现网上售卖 POS 机的违规行为，违反实体特约商户收单业务本地化管理要求。

三、整改建议

（一）加强特约商户实名制管理

支付机构要严格执行《银行卡收单业务管理办法》等制度规定，加强特约商户入网资料审核，加大现场核查力度，落实特约商户实名制。严禁通过审核个人身份证件的方式远程办理特约商户入网。

（二）确保交易信息真实、完整、可追溯

支付机构开展收费业务的，应当严格执行《银行卡收单业务管理办法》《中国人民银行关于规范代收业务的通知》等制度规定，正确选用交易类型，准确标识交易信息并完整发送，确保交易信息的完整性、真实性、可追溯性以及在支付全流程中的一致性。

（三）健全收返机制，规范格式条款

一是明确收返主体责任，多渠道履行告知义务。压实支付机构商户管理主体

责任,对于约定由外包服务商返还首刷类收费的情况,明确支付机构作为最终责任人应承担先行赔付责任。二是畅通返还流程,保障商户合法权益。建议支付机构通过在后台系统设置参数的方式实现达标商户自动返还,降低机构自身及商户的人工成本,畅通返还流程。三是加强格式条款审查,遏制乱收费现象。支付机构应对所有产品相关协议进行梳理,坚决杜绝利用不合理的格式条款侵害客户合法权益的违规行为。

(四)多渠道履行告知义务,保障商户知情权

支付机构应加强对商户收费及返还条件告知的标准化、文本化,以减少和避免因口头告知导致商户未能清晰、完整、明确知晓收返标准的情况;开发完善系统,增加对账系统实时查询收费功能、POS 机具或 App 界面费用收取展示功能,强化对商户的告知义务,支持商户通过 POS 机具或 App 界面等渠道自主查询达标情况。

(五)严格落实收单业务本地化管理规定

针对存在电销、网销的外包服务机构,支付机构应对其采取限制拓展新商户、停止收单业务合作等措施。同时,支付机构应从技术层面限制外省分公司签约外包服务机构推广的 POS 机通过本省商户上送交易的情形,严厉打击电销、网销现象,防止外包服务商随意跨省展业,严格落实收单业务本地化经营与管理的规定。

互联网平台洗钱风险分析及建议

文/罗 璠[*]

摘要：互联网平台与洗钱罪及洗钱上游犯罪相关的案件频发，相较于国外反洗钱同业情况，我国数字经济模式下互联网平台洗钱风险呈现特殊性和复杂性。互联网平台具有业务广泛、发展快速、规模巨大、跨越发展的特点。互联网平台引发的案件数量及种类已完全覆盖《刑法修正案（十一）》的犯罪类型。本文根据裁判文书网已公布公开案例分析，从网络赌博、非法集资、诈骗、走私犯罪、涉税洗钱、涉黑等维度分析洗钱风险，据此提出加快互联网反洗钱监管制度建设、发挥互联网平台在综合治理中技术和人才优势、建立数字经济中国方案的建议。

关键词：互联网平台 洗钱罪 刑法修正案 中国方案

近年来，互联网平台与洗钱罪及洗钱上游犯罪相关的案件频发，在一定程度上与其野蛮生长、快速创新息息相关。如果仅依赖企业自律，根据企业天然资本逐利特性，很难有效防范洗钱犯罪。我国反洗钱工作遵循反洗钱金融行动特别工作组（FATF）《40项建议》，与国际反洗钱体系及相关国际监管对象（金融机构和特定非金融机构）一致，而数字经济下互联网平台洗钱风险复杂性越来越突出。

一、互联网平台发展特点

（一）业务广泛

业务范围宽广的互联网平台有别于任何一家传统企业。目前国内外大型互联网平台通过其流量入口，以线上支付为枢纽，开展各类业务，并通过多样性的业

---

[*] 作者单位：中国人民银行武汉分行反洗钱处。

务提升客户满意度和用户黏性,巩固其在互联网上的特殊地位。例如国内的大型互联网平台,均通过掌握流量入口,扩展到包括社交、零售、出行、共享、租赁、文娱、物流、教育、供应链金融等衣食住行各个领域,几乎完全覆盖与反洗钱相关的 21 个部委管辖范围[①]。

(二)发展快速

近年来,一些互联网平台信息科技公司成立时间不长,但凭借快速推广、用户邀新返现、良好的用户体验等方式迅速扩展市场。例如,某信息科技公司成立于 2012 年,通过多轮融资、收购拥有支付牌照的相关公司,商业版图不断扩大。旗下品牌包括知名新闻阅读 App 及短视频(包含直播)平台[②],其旗下短视频平台于 2016 年成立,用户已突破 6 亿户[③],虽起步晚但发展迅速,用户多、范围广,若不法分子利用平台从事涉赌、涉黄、涉诈、洗钱等违法犯罪行为,平台和相关监管部门都难以追踪,平台成为不法分子从事洗钱等犯罪活动的绝佳隐蔽场所。

(三)规模巨大

互联网平台以爆炸性方式向经济、社会等领域扩张和渗透,与生产生活息息相关。互联网平台的营运模式为平台模式,利润来自平台服务费,其盈利保持良好增长模式。例如,近年来,某平台企业活跃消费用户数超过 13 亿,其国内活跃消费用户数超过 10 亿,平台入驻超过 1000 万家中小企业[④]。大型互联网平台已不再是单一销售平台,而是完整电商生物圈、一个独立于实体世界的封闭虚拟生态。如果未采取与之相匹配的监管防范措施,洗钱等风险集聚就会出现系统风险。

(四)跨界发展

互联网集团通过直接或入股的方式进入不同行业,形成多种业态,打破地域

---

① 反洗钱工作部际联席会议 21 家成员单位:中央纪委国家监委、最高人民法院、最高人民检察院、国务院办公厅、外交部、公安部、国家安全部、民政部、司法部、财政部、住房和城乡建设部、商务部、人民银行、海关总署、税务总局、市场监管总局、广电总局、银保监会、证监会、外汇管理局、军委联合参谋部。
② 随着网络直播平台的兴起,对于直播平台中等用户的身份识别不到位,用户可通过频繁进出直播间、在各直播间充值"打赏"或消费等方式,使直播平台用户资金流层层转手,难以追踪,给银行、支付机构的反洗钱工作带来全新挑战。
③ Quest Mobile 数据显示,截至 2021 年 6 月末,活跃用户数达 6.4 亿户,较 2020 年末增加 1 亿户。
④ 截至 2022 年 3 月 31 日。

限制，跨界、跨国发展。国内头部互联网交易平台国际交易市场服务全球240多个国家和地区，展示超过40个行业类目的产品；在印度、日本、韩国、欧洲和美国等国家和地区设有70多个办事处；互联网平台金融支付服务覆盖日本、泰国、印度、美国等国家和地区，全球用户数超过10亿户。互联网平台跨界跨境服务向精细化、品牌化以及多元化发展，洗钱途径也变得难以追踪，洗钱风险加剧。

二、互联网平台洗钱风险分析

（一）基础分析

第一，2021年全国各类交易平台交易额42.3万亿元，同比增长19.6%，其中网上零售额达到13.09亿元，同比增长14.1%，占2021年社会消费品零售总额44.1万亿元的29.68%[1]，在经济生活中具有系统重要性。第二，涉及洗钱案件的主要行业依次为金融业、特定非金融行业、一般公司企业，涉嫌洗钱案件的行业中支付服务业是除银行业以外第二大洗钱高风险行业，洗钱风险攀升。第三，从近年互联网平台引发的案件数量及种类看，已完全覆盖《刑法修正案（十一）》中的"掩饰、隐瞒毒品犯罪""黑社会性质的组织犯罪""恐怖活动犯罪""走私犯罪""贪污贿赂犯罪""破坏金融管理秩序犯罪""金融诈骗犯罪"，洗钱上下游犯罪能够在一家平台集团内部形成闭环。

（二）案例分析

根据裁判文书网公开的互联网平台洗钱案件判例，互联网平台可能存在的洗钱活动现象[2]有以下情形。

1. 网络赌博。犯罪分子在平台上设立店铺向线上用户出售赌博网站虚拟币，首先搭建网上非法赌博平台网站，制作虚拟币或从其他虚拟赌博平台网站、其他犯罪分子和个人用户手中收购赌博网络平台虚拟币，通过平台在其开设的店铺出售赌博平台虚拟币供用户进入游戏平台赌博并从中赚取差价，犯罪分子鼓励客户

---

[1] 2019年中国电子商务交易规模为34.81万亿元，其中零售交易额为10.63万亿元，占社会消费品零售总额41.2万亿元的25.8%；2020年中国电子商务交易规模为37.21万亿元，其中零售交易额11.76万亿元，占社会消费品零售总额39.2万亿元的30.0%。本文各类平台交易规模等同于电子商务交易规模数据。平台经济持续增长，尤其是在2020年新冠肺炎疫情暴发后，跨境电商成新的外贸增长点。

[2] 根据裁判文书网公开案例（https://wenshu.court.gov.cn/）整理得到。

以线下转账的方式，直接通过银行或非银行支付机构注入赌资以此绕开平台交易。网上店铺平台在赌博活动中起链条化作用，进而完美掩饰赌博活动。平台对销售虚拟产品有明确要求和规定，但是犯罪分子借助平台销售赌博代币、筹码等赚取相应利益，客户支付的赌资通过平台普通交易流入犯罪分子的银行账户中或通过购买他人银行卡、账号等完成洗钱活动。

2. 非法集资。犯罪分子在平台网站设立店铺，以提高店铺信誉度等理由寻找用户和店铺进行虚假交易，特定用户在店铺购买指定商品，犯罪分子通过伪造快递单等形式虚假发送货物，并在平台网站上完成刷单交易，犯罪分子向用户返还本金的同时支付一定比例的佣金，收到用户虚假交易款项后，以正常交易结算至公司或个人账户下。店铺存在虚假交易诉求，已形成一定产业规模，犯罪分子通过虚假交易把各种来路不明的资金通过平台虚假交易归集到公司或个人账户项下，完成洗钱活动。

3. 资金诈骗。犯罪分子以协助运营平台店铺的名义，如加盟连锁品牌店铺、购买店铺装修、协助店铺运营、提供虚假刷单等骗取服务费，通常利用加入客户群返利为诱饵，通过发送钓鱼链接或二维码，直接向客户设备植入病毒将资金划转至犯罪分子账号。店铺代运营需求催生出以提供平台运营服务、运营指导服务为由的诈骗活动，犯罪分子通过商务咨询等合理骗取资金，诱导客户转账或获得客户账号后通过代客户转账骗取和偷窃客户的资金，归集至个人账户名下，完成洗钱活动。

4. 走私犯罪。犯罪分子在平台设立店铺销售非法入境货物。平台对销售货物门槛设置较低，对卖家销售货物来源缺乏管控和鉴别，犯罪分子利用平台作为走私货物的销售渠道，以正常交易的形式销售走私货物，并将违法所得归集至公司或个人账户名下，完成洗钱活动。近年来，随着人民群众购买境外产品需求的提升，境外代购增加，走私货物犯罪呈现出集团化、规模化的特征。

5. 涉税洗钱。为促进卖家线上交易，平台未开发协助或监督卖家进行税务申报、税务代扣或提供相应的服务功能，存在犯罪分子可将平台销售所得的涉税收入进行瞒报漏报的洗钱活动。

6. 制毒贩毒和贩卖枪支弹药。犯罪分子在平台网站设立店铺，以伪装售卖其他商品名义销售制毒贩毒工具、直接销售毒品、销售枪支弹药以及贩卖其他违法违禁物品。实际判例中，不仅存在通过平台店铺直接销售制毒贩毒工具、销售毒品，还存在平台店铺销售枪支零件后提供组装指导服务的案例，通过正常销售渠道将出售违法违禁物品获得的违法资金以正常交易名义转入犯罪分子账户，完成洗钱活动。

7. 贩卖其他国家重点管控或禁止销售的商品。在实际判例中，犯罪分子利用平台开设店铺销售国家重点管控或禁止销售的物品等从事犯罪活动的案例较为常用，如管制类药品、化学品、珍稀野生动物、野生动物制品、假冒伪劣商品等。随着近年来平台对禁止销售商品管控趋严①，这类犯罪活动呈线下化、隐蔽化的特征，以正常交易的名义转入账户，完成洗钱活动。

8. 协助其他犯罪活动完成洗钱行为。犯罪分子开发、搭建、架设、运维第四方聚合支付平台，通过与互联网平台下运营的第三方支付平台合作，将空壳公司、虚假公民信息接入支付接口，或通过挪用其他商户的支付接口、嫁接电商平台商户虚构交易、租借个人账户收付款（"跑分"）、利用区块链虚拟货币的匿名性注册匿名账户等手段，为从事网络赌博、诈骗、色情等犯罪团伙提供资金结算通道，从事洗钱活动。

9. 利用网络直播平台洗钱。网络直播平台是新兴行业，分为游戏直播、娱乐直播、电商直播、体育直播等不同业态。网络科技公司常是网络直播平台背后真正的运营主体，网络直播平台潜在的风险主要有四点：第一，对购买虚拟礼物的用户身份识别不到位，不法分子可通过"刷礼物"轻松洗钱；第二，通过购买直播平台账户避开实名监测的监管要求；第三，网络直播内容可能涉黄赌毒，所涉资金相应也不合法；第四，网络直播充值、打赏无上限，不法分子通过网络直播平台洗钱。

（三）问题分析

通过以上案例发现，大型互联网平台的经营特点在一定程度上为犯罪分子提供便利的手段和更加隐蔽的手法。总结互联网平台出现的洗钱犯罪行为，归结为以下几个原因：

1. 复杂业务模式造成管理难度增加。大型互联网平台凭借海量用户和流量优势，业务范围不断扩张。大型互联网平台通过收购公司或者建立新业务团队扩展业务板块，目前头部互联网平台涉及业务范围极其广泛，覆盖衣食住行各领

---

① 2016年，国家林业和草原局等部门联合多家公益机构，制定互联网野生动物及其产品网络交易审核标准；从2018年开始主要平台陆续加入"打击网络野生动植物非法贸易全球联盟"。

域，对于用户来说，基本日常生活需求可以在单一互联网平台上得到满足。宽广的业务范围和复杂的业务结构，势必导致公司管理难度增大，互联网集团也未将反洗钱纳入主要风险管控和公司治理，日常可疑交易监控和客户身份识别要求容易低于义务机构标准。

2. 管理套利让犯罪分子有机可乘。在大型互联网平台上，不同业务条线由不同的子公司或公司内不同的部门进行管理。由于业务成熟程度和竞争环境各有区别，管理团队对业务的侧重也不尽相同，导致不同业务之间对于反洗钱风险和犯罪预防力度不尽相同。但是平台基于用户体验的角度和趋利动机，同一平台下不同业务之间用户信息、交易数据和资金能做到完全互通，导致犯罪分子利用不同业务间管理要求和防范力度的不同，通过制度套利或系统套利在平台内从事犯罪活动，完成洗钱行为。

3. 由于平台业务的多样性，以及各类信息数据在平台内流通的便利性，洗钱上下游犯罪能够在一家互联网平台内部形成闭环。在传统的金融模式中，一家金融机构能提供的业务范围有限，如果犯罪资金需要在不同的金融机构进行流转时，相应金融机构的洗钱风险管控均会对资金进行监控和识别，洗钱犯罪实施的难度较大。如果在互联网平台内实施犯罪行为的话，从上游犯罪行为到完成洗钱动作均可以在平台内完成，并借助支付平台完成资金转出。

4. 互联网平台强势信息保护政策变相庇护犯罪分子。从互联网平台业务来讲，其支付业务作为整个平台的核心枢纽，其他业务均通过支付业务在平台内部进行资金流转，所以支付业务中的客户个人信息和交易信息是互联网平台最有价值的信息。互联网平台在商业领域的支配地位和对客户个人信息保护诉求的扩大，使其很难将客户个人信息、交易记录等洗钱风险管控中必要的信息提供给上下游金融机构，加大了金融机构洗钱风险管控难度。

三、政策建议

（一）加快反洗钱监管制度的完善进度

从政策层面完善对互联网平台公司在经济金融活动中的反洗钱监管，统筹规划平台发展与安全治理，确保互联网平台在金融创新发展的基础上，有效实现反洗钱管控。《金融机构反洗钱和反恐怖融资监督管理办法》（中国人民银行令

〔2021〕第3号，以下简称3号令）明确非银行支付机构、银行卡清算机构、资金清算中心、网络小额贷款公司等其他金融机构是反洗钱义务主体。作为数字经济和金融科技全球领先大国，我国虚拟数字平台发展、平台经济、金融创新已走在全球前列，中国人民银行制定的《非金融机构支付服务管理办法》《支付机构反洗钱和反恐怖融资管理办法》是关于非银行支付机构方面的两个重要制度，但仅仅是对平台集团支付机构洗钱活动的制度规范，3号令的出台很好地弥补了在互联网金融平台管控上的薄弱环节。在新业态新模式下，国家反洗钱工作也需要与时俱进，进一步管控互联网平台洗钱风险。完善相关法律制度，建立健全反洗钱法律体系，搭建互联网平台洗钱风险防范全流程框架，管控互联网洗钱风险的重点、要点，提高打击洗钱犯罪实效。

（二）发挥互联网平台在综合治理中的技术和人才优势

互联网平台是科技转化的实体和高精尖人才的聚集地，与其他行业相比，互联网行业具有技术集中、人才集中、资金集中等特点。在反洗钱管理中，应充分发挥互联网平台人才和技术优势，促进平台安全建设，进一步促进前沿技术人才参与平台的洗钱风险防范，推动平台协同发展。第一，加强互联网平台与人民银行、公安部反洗钱部门合作，建立合作共建机制。以《反电信网络诈骗法》为起点和基础，构建内部网络信息共享平台，反洗钱相关信息如黑名单库、重点可疑交易监测与各类互联网平台共享通道，在防止个人信息泄露及保护个人隐私的前提下，对不限于支付环节的资金流动和物流流动开展全流程监控。第二，加强互联网平台与工商部门、征信部门的合作，解决网络服务商虚假店铺等痛点问题。网络服务商主体分为非自然人经营主体和自然人经营主体，非自然人经营主体又包括专门从事网络经营店铺和线下店铺的网上延伸。加速实现网络商主体（如淘宝店铺）的有效工商注册登记制，尤其是针对网上虚拟店铺，设立审核标准、经营范围，确保真实性。建立定期开展检查机制，对网络店铺转让、变更、注销同样需要相关部门登记。第三，组建专家组，探索开展"平台+监管+科技"发展模式。抽调互联网平台内部和社会各界专业人士建立专家组，探索建立互联网平台洗钱风险监控和管理标准，通过开展新技术应用指导、开展平台和行业内外部交流、提出实施提案等方式，在"企业+监管+科技"发展模式下，探索互联网平台的洗钱防范机制，进而提升全社会洗钱风险管控能力。

（三）建立数字经济反洗钱中国方案

《FATF 40项建议》未直接将互联网平台纳入反洗钱义务主体，但近年加大了对虚拟资产、虚拟货币的打击力度，尤其是在数字经济等热点领域。基于我国数字经济下互联网平台的洗钱复杂性和特殊性，我国应结合实际提出数字经济下互联网平台反洗钱的中国方案，充实 FATF 国际标准的补充实践案例，贡献中国智慧。首先，明确行政责任。平台集团中非银行支付机构已纳入反洗钱义务主体，非银行支付机构法律责任适用《反洗钱法》第三十一条、第三十二条，而互联网平台及其商铺均脱离《反洗钱法》相关规定。建议适时将平台集团纳入义务主体，对于互联网平台在反洗钱管控过程中产生的违法违规行为，可以考虑联合相关部门采取行政处罚等监管措施[①]，如双罚制。其次，互联网平台上个人店铺、小微企业众多，洗钱罪和上游犯罪社会危害性严重，建议建立相应平台洗钱案例数据库。通过数据库收集平台发生的各种洗钱案例、洗钱行为，以此建立互联网平台反洗钱大额和可疑交易监测标准，在平台嵌入网络自动报告系统，提高互联网平台可疑交易识别能力。

参考文献

［1］中华人民共和国商务部电子商务和信息化司．中国电子商务报告（2020）［R］．［2021－10－22］．http：//images.mofcom.gov.cn/dzsws/202110/20211022182630164.pdf.

［2］中华人民共和国商务部电子商务和信息化司．中国电子商务报告（2019）［R］．［2020－07－31］．http：//images.mofcom.gov.cn/wzs2/202007/20200703162035768.pdf.

［3］FATF．Mutual Evaluation Report of China－2019［R］．https：//www.fatf－gafi.org/media/fatf/documents/reports/mer4/MER－China－2019.pdf.

［4］FATF．Follow－Up－Report－China－2021［R］．https：//www.fatf－gafi.org/media/fatf/documents/reports/fur/Follow－Up－Report－China－2021.pdf.

---

① 近年来，国家市场监督管理总局陆续对头部互联网平台集团的垄断违法行为处以巨额罚款，提示其加强社会责任意识，《中华人民共和国反垄断法》在 2022 年 6 月 24 日通过修改，自 2022 年 8 月 1 日起施行。目前，ESG（环境、社会和治理）已加入反金融犯罪和腐败风险筛选，应重视防止洗钱等金融犯罪风险。

案例研究

"支付+"金融服务助力平台经济健康发展

文/刘仲蔚[*]

摘要：为助力平台合规经营、提升支付结算能力、提高资金管理水平、释放数字资产价值，平安银行推出以"聚合收款+动态账本管理+智能付款"为主要功能的"平安结算通"，为平台提供一站式资金结算服务，同时输出数字融资、智能风控等服务，推动释放平台数据资产价值，助力平台经济高质量发展。

关键词：平台经济　支付结算　数字融资

一、我国平台经济发展迈入新阶段

平台经济是以互联网平台为主要载体、以数据为关键生产要素、以新一代信息技术为核心驱动力、以网络信息基础设施为重要支撑的新型经济形态。随着互联网的普及和产业的转型升级，我国平台经济获得蓬勃发展。截至2021年，中国网民规模为10.32亿人，互联网普及率达到73.0%，全国电子商务交易额达37.21万亿元，同比增长4.5%。根据商务部统计，截至2020年，中国各类网站数量超过400万个，全国境内外上市互联网企业总数达147家，同比增长8.9%，总市值达16.80万亿元人民币，较2019年底增长51.2%，再创历史新高。互联网平台企业可按其匹配的供需类型进行分类，其中，生活服务、电子商务、数字媒体、金融科技、物流、医疗健康、在线教育七类互联网平台数量增长迅速。

平台经济作为近年来国家重点部署的战略发展方向，在引领创新发展、推动

---

[*] 作者单位：平安银行交易银行部。

产业改造、优化资源配置、贯通国民经济循环等方面发挥着日益重要的作用，已逐渐成为经济发展的新引擎。"互联网＋"渗透和覆盖的行业范围越来越广，数字经济和实体经济深度融合，产业互联网和消费互联网并重发展，许多大型实体企业及其上下游中小企业纷纷自建或加入各类平台，深耕大消费的C端客户和产业链的B端客户，通过技术创新、模式创新，不断整合信息、资金等资源，持续开放业务场景，充分激活市场潜力，加速产业数字化转型升级，促进生态深度融合，助力形成经济发展的新格局。互联网平台对于传统产业的改造升级呈现加速态势，为零售产业注入增长新动能，需打造信息流、资金流、物流"三流合一"的闭环交易模式。

二、当前平台发展中主要的支付结算需求

（一）避免"资金二清"问题，保障平台合规运营

在现有互联网平台业务模式中，非自营类平台占据主流，其主要为消费者及第三方商户提供居中的撮合交易服务。在此模式下，平台依据其与商户约定的商业规则，需要匹配交易订单完成状态向商户进行周期性的资金结算。然而监管部门禁止没有支付牌照的互联网平台开展网络支付业务，禁止以"大商户"模式留存第三方商户资金并自行开展商户资金二次清算，禁止私设不具有真实交易背景、不受金融机构管控的资金池。因而对于互联网平台而言，存在与具有资质的金融机构合作规避二清风险的需求。

（二）支持多样化的网络支付方式及分账模式，支持统一结算

大消费类平台聚焦于满足个人客户在衣食住行等日常生活场景的消费需求，通过提供便捷高效的支付服务，提升客户和商户的生活体验。其交易主体众多，交易场景丰富，存在各种场景下的支付及分账需求。平台可与银行、非银行支付机构等支付服务提供主体合作，为用户提供多元化支付及分账方式（如网关、快捷、条码、刷卡等支付方式），将平台项下用户交易资金与平台自有资金（如佣金、保证金等）进行有效区分及隔离，提升交易和支付的透明度，提升平台财务效率。

产业链类平台聚焦于满足生产者客户在生产活动场景的交易、融资、物流等需求，着力于提高资源配置效率，降低企业运营成本。在大消费类平台基础上，

产业链类平台还需支持 B 端客户的分期结算、转账支付等多种线上化支付方式，且 B 端客户需要账实相符、订单匹配的交易回单用于财务记账。另外，产业链类平台或其项下交易客户往往更需要专属的贷款融资以补充资金周转的流动性。

此外，商户的收款资金来自不同支付渠道，资金如分开管理，各渠道资金提现的到账时间不一致，为商户资金集中管理、记账对账等工作带来极大的不便。面对互联网平台持续高速增长的商户数量和交易量级，多渠道资金管理存在实际操作困难及极高的人力资源成本，且容易在交易高峰期出现差账和错账。平台对于商户各支付渠道交易资金统一结算存在极大的诉求。

（三）降低支付成本、保障支付成功率，为消费者提供优质的支付体验

互联网平台尤其是行业头部平台对于为用户提供极致的支付体验有极高的诉求，因而非常关注银行机构和非银行支付机构提供的支付渠道的响应速度、成功率、延时率等性能情况。同时，因大消费类平台交易总量大，单笔交易金额小，支付成本在整体运营成本中居高不下，平台存在降成本的需求。

（四）基于支付数据打造金融生态，反哺平台交易，促使平台数据价值释放

互联网平台作为流量入口，聚集了 B 端和 C 端用户海量的交易数据，沉淀了丰富的数据资产，具有巨大的潜力价值。在数字化转型的浪潮下，平台对挖掘数据价值提出了新的诉求。平台基于掌握的支付数据，可以为平台付款和收款用户提供与其交易场景密切关联的金融服务，如分期付款、商户融资、订单融资、快速到账、理财增值等，从而提升平台收付款用户黏性，补充相关用户资金周转的流动性，扩大平台交易规模，赋能平台经济高质量发展。

三、平安银行在平台经济发展中"支付＋融资"的实践探索

平安银行根据上述平台经济发展背景和诉求，推出以"聚合收款＋动态账本管理＋智能付款"为主要功能的平安结算通产品，通过银行账户体系及商户管理体系帮助平台规范管理商户交易待结算资金，对平台自有资金及商户待清算资金进行严格区分管理，同时对平台商户从事前、事中、事后进行全流程的交易风险管控，在为平台提供一站式资金结算服务的同时协助把控平台交易风险。在此合作基础上，基于平台沉淀的海量交易数据以及客户特征画像，为平台的买方和卖方提供数字融资、普惠贷款等增值服务。

(一）搭建"聚合收款+动态账本管理+智能付款"的账户管理体系

"聚合收款"是指，平安银行作为收单机构为互联网平台提供"聚合支付"服务，包括快捷支付、网关支付、银联云闪付等网络支付方式。业务流程上，付款方用户确认支付后，平台将相关附带分账信息的指令上送给银行处理，银行在完成收单交易的同时记录该交易资金应分账给哪些商户。若平台前端收单选择非银行支付机构提供的支付渠道，平台需要在支付订单完成后另外向银行上送具体交易涉及的商户信息。

"动态账本管理"是指，平安银行的"平安结算通"业务系统与电商平台交易系统对接，为互联网平台搭建一整套交易资金总分台账体系，记录平台商户项下的待结算资金情况。互联网平台通过平台商户授权，向银行提供商户信息，银行根据商户信息及商户类别进行身份核验。根据平台侧交易订单的不同节点，银行为商户记录台账并根据订单状态变化进行账本动态调整。在平台用户确认收货后，银行根据平台指令将该笔订单项下交易款项实时登记给相关商户。

"智能付款"是指，在平台确认交易完成且商户符合平台结算要求后，银行将系统内记载的平台商户的待结算资金结算至其前期绑定的平台商户结算账户。银行通过人民银行大小额支付系统、网上支付跨行清算系统、银联快付等渠道组建付款路由，按照发起付款交易的金额、时间、收款人等要素进行系统智能判断，选择为平台商户提供最优费率、最优时效的结算渠道。

（二）盘活数据资产，打造普惠下沉市场的数字融资产品

针对平台、平台下的商户和用户，平安银行深度挖掘其在平台内的支付、订单、客户等数据，融合平台的信息流、资金流和物流信息，通过建模分析和人工审核相结合的方式给予数字融资的授信额度，从而帮助平台上参与方资金快速周转、支持平台经营扩张。数字融资在一定程度上纾解了实体经济中小微企业、个体工商户等客户融资难的困境，破解了信息不对称与融资资金安全性的问题，填补了传统授信模式的短板。

平安银行目前主要推出了四种平台数字融资模式，分别是基于买家已付款待结算的订单向卖家提供货款提前到账的服务、基于卖家在平台历史销售数据并为卖家提供数字信用的卖家融资、基于采购数据提供匹配买家采购需求频率的买家融资，以及锁定平台回款和资金用途并用于扩大平台经营的平台直融。目前平台数字融资已实现全线上化申请和审批，通过智能风控体系动态监测信贷资金流

向，提高融资管理的效率。

（三）深化科技赋能，提升全流程智能风险管理水平

在平台经济蓬勃发展的同时，也出现了不断演化的业务风险，银行在积极落实平台及平台商户全生命周期管理，强化全链条交易监测和风险监控，提升涉赌、涉诈、洗钱等违法犯罪风险的防范水平。平安银行运用人工智能、机器学习、数据挖掘等技术，将海量的交易、会员等数据进行大数据分析，挖掘并归纳黑样本特征，不断完善反洗钱、反欺诈等风险模型，挖掘可疑团伙，识别潜在风险，在事前、事中和事后进行风险管控，与平台的风险管理机制形成合力，全面提升智能风险管理水平。

四、目前取得的工作成效

（一）严格把关新增合作平台，广泛服务细分行业客群

2021年，平安银行严格把关新增合作平台，要求分行比照授信业务对平台资质进行尽职调查审核，确保平台主体资质优良。2021年，平安银行累计与100余个平台客户新建合作，包括快手、小芒电商等在内的互联网平台，以及山东港口、中铁建、云南建投等产业链平台。截至2021年底，平安银行已服务超过500家平台，大类上区分为B2C大消费类平台、B2B产业链类平台、政府类平台等，其中B2C类占比约为66%，B2B类占比约为28%、政府类平台占比约为6%。细分行业客群上，还包括车生态类、房生态类、垂直消费类、综合电商类、医健教育文娱类、民生服务类和B2B类等几大类别。

（二）支付结算叠加数字融资，服务普惠经济初见成效

平安银行目前主要推出卖方货款提前到账、卖方数字贷、买方融资和平台直融四种平台数字融资模式，目前均已有成功落地的合作案例，依托银行科技金融优势，支持实体经济高质量发展，并为小微企业提供全面的金融支持。

以网络货运平台为例，平安银行推出"支付结算+线上融资+物联网+互联网保险"的一揽子服务方案，力求与国家网络货运头部平台达成全面合作，将"有温度"的金融服务触达更多普惠群体。方案主要为网络货运平台、物流公司、司机及车队长提供融资贷款服务。该模式依托网络货运平台有效触达C端司机客群，基于网络货运平台与银行对接运单信息、轨迹信息等建立风险模型，同

时接入银行物联网设备,实时监控车辆行驶轨迹、司机行为、盈利情况等,通过支付结算账户体系监控资金流向,有效把控风险,并解决了货车司机信用体系缺失、实际承运人融资渠道缺乏、个体司机较难获得银行渠道融资等问题。此外,同步向司机提供营运车辆融资租赁服务,支持在线购买车险/货运险、司机团体意外险等互联网保险产品,保单实时生效。目前,在全国19家头部AAAAA级网络货运平台中,平安银行已与12家合作支付结算业务,融资业务覆盖10家。

(三)搭建风险监测模型,协同平台排查风险

平安银行在模型建设方面,通过对互联网平台分类及商户特征指标提炼,持续开展黑白样本及模型训练,对平台商户进行穿透监测,并协同平台进行具体排查。平安银行根据过往商户黑样本、内部或外界总结的风险商户特征,不断上线、优化风险监测规则,目前已有数十条风控规则在运行中,涉及异常时间、金额、频次的交易,一人多店异常经营等场景,并通过禁止提现、禁止出入金等限制性措施及时防范风险损失,取得了明显成效。建立了对互联网平台客户的每日舆情监测和数据综合分析机制,提前研判客户的经营风险、合规风险、内控风险等,及时向分行下发风险提示函,对客户加强尽职调查和风险管控。

平安银行"平安结算通"业务运行几年来,在产品功能、风险控制、系统性能、服务效率等方面不断完善和升级,服务了包含综合电商平台、医疗健康平台、政府民生平台等在内的众多互联网平台。后续将在政府监管指导下,持续打造更合规、更安全、更有效的产品,为互联网平台提供更优质的服务,为平台经济的发展贡献更多的力量。

参考文献

[1] 艾媒咨询.2019—2020中国企业采购行业研究报告[R/OL].(2020-03-10). https://www.iimedia.cn/c400/69713.html.

[2] 商务部电子商务和信息化司.中国电子商务报告(2020)[R/OL].(2021-10-22). http://images.mofcom.gov.cn/dzsws/202110/20211022182630164.pdf.

[3] 网经社电子商务研究中心.2021年度中国产业数字化市场数据报告[R/OL].(2022-03-08). http://www.100ec.cn/zt/2021zgcyszhscsjbg/.

［4］中国互联网络信息中心.第47次中国互联网络发展状况统计报告［R/OL］.（2021-02-03）.http：//www.gov.cn/xinwen/2021-02/03/5584518/files/bd16adb558714132a829f43915bc1c9e.pdf.

［5］中国互联网络信息中心.数字中国发展报告（2020）［R/OL］.（2021-07-03）.http：//www.gov.cn/xinwen/2021-07/03/content_.5622668.htm.

［6］CNNIC前瞻产业研究院.2022年中国互联网市场发展现状分析［N/OL］.（2022-04-12）.https：//baijiahao.baidu.com/s？id=1729897321007439699&wfr=spider&for=pc.

金融维权

优化营商环境视角下银行面临的恶意投诉威胁及对抗策略浅析

文/马小虎[*]

摘要：本文针对近年来基层商业银行面临恶意投诉的问题，结合工作实际，对恶意投诉的概念和表现进行梳理，分析恶意投诉带来的负面影响，并围绕其成因提出多管齐下规制恶意投诉行为，进而优化营商环境。

关键词：投诉　管理机制　金融服务

一、恶意投诉的界定及模式

（一）恶意投诉的界定

本文认为，判定金融消费者投诉是否理性，主要从动机和诉求两个方面进行甄别：一是其投诉动机是否背离解决金融消费纠纷的初衷；二是其诉求是否具有充足的法律和事实依据。据此，可将恶意投诉界定为金融消费者并非以依据相关法律、法规和制度规定解决金融消费纠纷为出发点，而是出于冲动、报复、牟利、取证或其他非理性动机，向金融机构或监管部门要求予以处理的投诉。实践中，正确区分恶意投诉与正常维权具有一定的难度，这也是当前金融消费者权益保护工作亟须解决的问题。

（二）恶意投诉的典型模式

1. 主动参与型。此类恶意投诉人在明知交易对象、交易性质均涉赌涉诈等

---

[*] 作者单位：中国人民银行临夏州中心支行。

非法活动的情况下，仍抱有侥幸心理积极参与，并在未得逞时以"银行机构账户管理存在过失，致客户资金被非法网站骗付"等为借口向相关监管部门投诉，要求退赔交易资金。调查发现，疫情后少数客户利用延期还款和减免利息的关怀政策，以恶意投诉的方式试图"逃废债"，也有部分客户在投资私募基金中出现损失时，意图通过投诉相关账户开户问题获得赔偿，这种"恶人先告状"的"碰瓷"行为在基层网点时有发生。

2. 代理中介型。该模式也称"代理维权"，恶意投诉人通常以"职业投诉人"自居，诱导消费者委托其进行代理投诉，并从中牟利。如帮助征信报告有不良记录的消费者向银行要求修复征信，否则就采用缠诉闹访甚至伪造证据等非理性或非法手段向金融监管部门进行恶意投诉举报。在该模式中，职业化、专业化、组织化和流程化的特征明显，采取的往往是打电话、拉横幅、喊口号、跑现场，甚至假扮弱势群体，制造轰动事件等手段，吸引媒体和社会大众关注，向金融监管机构施压，其背后是已发展成形且庞大而复杂的"职业投诉"灰色产业链。

3. 无中生有型。该模式俗称"空手套白狼"，此类恶意投诉人既未主动参与网络赌博、出现资金亏损，也不以代理投诉为业，而是因个人恩怨、报复心理，意图使金融机构或其工作人员被追责，捏造部分或全部虚假情况的投诉。惯用手段通常为寻找目标、发起投诉、沟通"私了"，达不到目的就对工作人员进行人身攻击。

二、恶意投诉对营商环境的损害

（一）扰乱正常的金融秩序

一方面，恶意投诉对银行机构的正常经营及监管评级结果造成了长期、频繁的不当干扰，并因此扰乱了金融市场的整体运行秩序。另一方面，此类毫无社会意义的恶意投诉涌向金融监管、公安、司法等部门，大量占用了公共资源，最终损害了普通金融消费者的合法权益。据媒体报道，国内个别地区的金融消费权益保护投诉热线12363曾接到大量恶意投诉电话，导致接通率大幅下降，正常的维权和投诉管理难以开展。

（二）影响银行市场竞争力

恶意投诉人为降低获利难度，减小暴露风险，目标多瞄准规模小、管理制度不健全的基层网点，使这类原本就处于弱势的网点蒙受直接或间接的经济损失和声誉风险，进而无法充分参与市场竞争。同时，如果监管机构对投诉事件稍有处理不当，就会使银行信用程度降低、商誉下降、客户损失，造成极端恶性的传播和影响，更会演变成社会的"顽疾"。

（三）消磨工作人员的服务热情

银行作为服务业，面对形形色色的客户，在受到投诉时，一线工作人员向客户解释道歉是固有处置流程，久而久之形成"谈投诉色变"的工作状态，尤其在恶意投诉事件中遇到反复投诉的"老赖"，工作人员疲于应付，没有心力去提升产品质量和服务水平，反而易导致职业尊严感下降、服务热情减退，严重影响工作积极性。

三、恶意投诉成因分析

银行业消费者投诉管理工作是一项复杂的系统工程，涉及面广、环节多，如果其中一个因素出现问题，均可能损害消费者和员工合法权益，还有可能致使矛盾激化，演变为较为严重的问题，从而引发声誉风险。对近几年发生的恶意投诉处理案例进行分析后发现，普遍存在以下四个方面问题。

（一）银行内部管理机制存在不足

一是消费投诉管理工作不规范。投诉处理工作多数由综合管理部、零售部、消保等部门承担，但由于管理层对投诉工作不重视，未设置投诉处置管理专门机构，没有形成一套有效机制针对大量具体投诉事项的问题纠偏，造成相关业务部门职责不明确，投诉处理流程不清晰，一旦发生客户投诉，部门之间往往互相推诿扯皮，客户问题长期得不到解决，最终导致矛盾激化升级，客户满意度降低。

二是基层网点人员配置不合理。近几年，大型国有商业银行从提高经济效益、压缩经营成本的角度考虑，普遍加大了基层网点撤并和改造的力度，但也由此带来了单个网点工作量增大、人力资源紧张问题。主要表现如下：个别网点在业务高峰期未能做到有效引流、疏导客户，从而导致排队现象突出。此外，个别网点因人员偏紧，没有配备大堂经理，或者即使配备了大堂经理，但其职责定位不准，身兼数职，在答疑解惑、分流指导客户有效使用自助机具等方面发挥的作用有限。

（二）业务人员服务意识不足

一是职业素养欠缺。网点一线业务人员多为高校毕业后经过简单培训就上岗的年轻员工，由于职业素养不高，对客户情绪的变化不敏感，对客户提出的意见不关注。当遇到有异议的客户时，工作浮躁，解释沟通缺乏耐心和细心，甚至坚持"我没错"的态度，与客户据理力争或沉默不语，致使矛盾升级为投诉。

二是注重风险防范而忽视工作效率。由于近年来电信网络诈骗和跨境赌博等违法犯罪案件频发，为防范银行账户涉案，商业银行内部考核导向发生较大变化，即只要发生一起涉案事件，分管领导、部门主管及经办员都会受到经济、行政处罚。因此，出于谨慎考虑，柜员在办理业务过程中片面注重业务办理的准确性而忽视办理效率。如某银行在为异地客户开立银行卡时，要求客户提供暂住证、工作证明等繁多相关资料，业务流程变得烦琐复杂，使客户容易产生不满情绪。

（三）行业监管机制不完善

一是监管难度大。目前人民银行、银保监会等机构已开始重视银行业恶意投诉问题，尤其加大了对职业投诉"黑灰产"的打击，但是防范和打击难度比较大。恶意投诉"黑灰产"多通过网络虚拟空间进行违法犯罪，技术和手段不断翻新，监管部门在调查侦查过程中也是困难重重，电子证据特殊，难以发现和固定。

二是投诉处理机制粗放。个别基层监管机构在推动优化营商环境政策贯彻落实过程中导向不精准，存在"一刀切"问题，在服务提升和投诉治理之间监管显得不平衡，主要表现如下：为提高转办、处置投诉事件效率，往往在未经详细调查核实的情况下以"投诉即有错"的简单粗暴处理方式，对被投诉银行机构进行问责，无形中向其施加压力，在一定程度上助长了恶意投诉者的气焰。

（四）消费者金融知识素养偏低

随着我国金融改革的不断推进，金融产品和服务日趋多样化和复杂化，但金融消费者整体上的金融知识素养却仍有待提升，且金融消费者的抗风险能力较差。消费者对相关业务产品风险、收益不甚了解，缺乏防范意识，因自身认知不足、操作失误等引发的权益受损事件进行维权，存在一定的盲目性和偏执性，普遍认为投诉比咨询协商好，由监管部门转办的投诉诉求肯定能得到额外满足，所以一言不合就投诉，甚至捏造、夸大事实。同时，相比其他投诉渠道，消费者更愿意通过网络表达金融诉求，而个别媒体报道片面，缺乏客观性，形成道德压迫，使银行业客户投诉处理工作陷入被动局面。

四、多管齐下规制恶意投诉行为

（一）以提高金融服务质量为目标，狠抓内部管理

一是完善工作管理机制。客户投诉的问题根源绝不只是前台职责，许多问题的解决需要中后台部门承担。银行管理者应明确接报、调查、反馈、督察各环节对应的部门和岗位人员，并优化内外部考核评价体系、基础服务、业务流程；应遵循"大服务"原则，建立完善的投诉管理机制，将前台、中台、后台部门进行统一管理提升；应建立"一把手抓服务""一把手抓客户工单分析"机制，使各个管理部门能够围绕服务提升进行整合和优化，从管理体制上为投诉处理提供制度保障。

二是加强人员培训，推行从业人员标准化服务。将专业素质高、政策把握准的金融从业者配备到条线岗位上，教育其在服务客户时做到业务流程与服务规范相结合、业务技能与服务态度相结合、规范服务与客户体验相结合，尤其要尊重消费者购买金融产品和服务的真实意愿，保障消费者自主选择权，让消费者感到被尊重、被理解、被重视，从而提高消费者对银行服务问题的容忍度。

（二）以健全监管制度机制为抓手，强化风险治理

一是进一步细化金融消费者权益保护规章制度。鉴于目前在金融消费投诉处理中对恶意投诉的界定问题争议较大，建议进一步细化《中国人民银行金融消费者权益保护实施办法》《银行业保险业消费投诉处理管理办法》等相关规章制度，将恶意投诉的界定标准、处理规范、考核评价等内容纳入其中，为商业银行的投诉处理工作提供制度性指引。

二是全面推进金融纠纷多元化解机制建设。充分发挥人民银行、银保监会、银行业协会及金融纠纷调解委员会等部门的监管职责，积极主动对辖属的金融投诉情况进行梳理、排查，及时发布典型案例和风险提示，注重共同构建金融风险提示预警机制，防止因个案引发系统性影响，防范化解金融风险。同时，在督办过程中应保持客观公正的立场，既不让金融消费者合法权益受到侵犯，也不让机构无辜受过，营造公平公正的消费投诉督办环境。

(三)以提升消费者金融素养为突破口,畅通维权渠道

一是建立金融宣传教育长效机制。结合当前金融产品创新快、金融科技发展快、金融知识更新快的特点,从保护消费者金融合法权益角度出发,加强金融知识教育的制度化建设,注重长效性,真正实现提升消费者金融素养的目的。

二是引导消费者理性维权。在日常的金融服务过程中,要适时帮助广大消费者加深对金融产品的理解,树立正确的消费理念,养成良好的金融习惯。同时,引导投诉人通过合法合理的途径反映诉求,不可采取缠诉、重复恶意投诉等方式非理性维权。

解密 ISO 20022：
评估新报文标准的优势与挑战[①]

译/马凯迪[*]

摘要：本文阐述了报文标准的发展和重要性，介绍了报文标准的特点，分析了采用新标准的进展和存在的问题，阐述了 ISO 20022 的意义和局限性，并对 ISO 20022 未来推广予以展望。

关键词：支付系统　报文标准

一、报文标准的重要性

人们理所当然地认为零售支付交易具备天然的便利性：只需点击卡片或点击页面，交易便可快速完成。只有在支付系统出现异常时，人们才会意识到，有效连接世界各地的支付系统并确保它们之间的互操作性，是一项复杂且困难的工程。

支付系统互操作性得益于诸多因素，近 50 年来，支撑自动实时支付授权的关键创新是各种电子支付报文传输系统及其相应标准的建立。从广义来看，报文标准对实时自动支付的支撑作用，主要体现在以下三个方面。一是互操作性，即通过建立统一的报文词汇和结构标准，实现信息在世界各地支付系统之间的传递。二是功能性，即报文标准能够满足使用数字消费设备交易所需的数据增长。

[①] 本文翻译已经取得相关方授权，翻译过程中有所删减和调整，但作为非官方翻译，难免存在疏漏，敬请读者朋友批评指正。原文载于期刊《支付战略与体系》(*Journal of Payments Strategy & Systems*) 2021 年第 15 卷第 4 期。参考网址 https://www.henrystewartpublications.com/jpss。

[*] 译者单位：中国人民银行清算总中心。

三是适应性,即报文标准能够有效应对支付技术升级、消费者需求变化所带来的新挑战。

纵观报文传输标准发展史,上述特性的重要程度不言而喻。世界首个报文传输标准促进了电子支付的开创性应用,早期专用报文标准(如20世纪70年代的BASE)实现了无需人工干预的自动跨境零售交易,对促进支付网络发展和消费者预期形成产生了持久而深远的影响。然而,早期报文多属于专用报文(仅适用于某一特定支付网络),且字段存在长度限制(仅支持传输少量信息),导致其存在不适合处理跨网络交易、难以匹配新型支付产品、无法满足不断增长的数据需求等痛点。

为解决上述痛点,早期的银行卡网络(Card Network)与IBM合作,开发了一种可以适应数据增长需求的动态报文传输标准。它被国际标准化组织(ISO)银行业委员会用作所有零售交易的通用标准,即后来的ISO 8583。ISO 8583可以实现跨网络支付,大幅提升了系统间的互操作性(目前它仍是国际零售卡交易的主要标准),并且支持多种数据格式,具备适配新产品、新服务的能力。在此期间,市场上同步涌现出一系列可用于证券和大额交易的报文传输标准,例如ISO 15022及其前身ISO 7775。

报文传输标准实现了全球支付基础设施间的连接,但在处理跨境支付等业务时仍存在堵点,主要由于国内支付标准与国际公认标准相悖,同时也存在其他治理相关问题,包括透明度、反洗钱和反恐怖融资标准、清算时间限制等。

此外,尽管现行报文传输标准具备一定灵活性,但仍难以完全满足信息传输需求,无法实现无需人工干预的全流程自动化处理。

随着政府和金融部门加快推进支付系统现代化建设,行业正持续探索通过新一代报文传输标准——ISO 20022解决上述问题的可能性。后文将详细探讨采用该标准的原因、实施方式及其优势和局限性。

二、ISO 20022 标准的特点

ISO 20022提供了一种通用的报文解决方案,相较于现有金融服务报文,采取更多样的方法,包含更丰富的数据维度,且应用范围不仅局限于当前的支付领域,也可用于证券清算结算、外汇交易和国际贸易启动与管理服务。ISO 20022

所提供的统一框架支持在特定支付领域（如快速支付、零售支付等）建立专用标准，从而进一步提升各领域间的互操作性，这也是支付基础设施采用ISO 20022的核心动机所在。

相比较大部分二进制的编码标准，ISO 20022 在参考早期支付报文传输标准结构设计的基础上，通过更为灵活的层次设计，促进了海量数据交换，提升了人工可读性。对于新的服务供应商而言，更高的人工可读性有助于业务出现异常时快速查找并修复错误。

另外，报文的结构越灵活，其所包含的信息越多，这对于满足监管数据的传输需求至关重要。

ISO 20022 在兼顾机器可读性和人工可读性的同时，支持灵活增加字段，实现了更加丰富的数据交换功能。如图 1 所示，尽管 ISO 20022 报文示例直观上较为冗长，但由于其具有更加清晰的标记且层级更广，使内容更容易识别。

Deposit Bank: ExampleBank in Utretcht, Netherlands (identifier EXABNL2U) Requesting corporate: ACME NV, Amstel 344, Amsterdam Amount: $12,500 USD Date: October 29, 2019	
ISO 2002 Message (high value)	Fedwire Proprietary Standard
``` <CdtTrfTxlnf> <lntrBkSttlmAmt Ccy='USD'>12500</IntrBkSttlmAmt> <lntrBkSttlmDt>2019-10-29</IntrBkSttlmDt> <Dbtr> <Nm>ACME NV.</Nm> <PstlAdr> <StrtNm>Amstel</StrtNm> <BldgNb>344</BldgNb> <TwnNm>Amsterdam</TwnNm> <Ctry>NL</Ctry> </PstlAdr> </Dbtr> <DbtrAcct> <ld> <Othr> <ld>8754219990</ld> </Othr> </ld> </DbtrAcct> <DbtrAgt> <FinInstnId> <BIC>EXABNL2U</BIC> </FinInstnId> </DbtrAgt> </CdtTrfTxInf> ```	{1520}20191029xxxxxxxxxyyyyy {2000}000001250000 {5000}D8754219990ACME NV.*AMSTEL 344*AMSTERDAM* NETHERLANDS* {5100}BEXABNL2U*
Source: SWIFT 2020	

图 1　报文语法结构的改善有助于提升支付交易效率

三、采用新标准的进展和问题

随着无卡快速支付系统的广泛应用，ISO 20022 的应用范围迅速扩大。澳大利亚、印度、日本、新加坡、欧盟等多个国家和地区的快速支付系统均已采用新标准，其余各国也在计划对现有支付系统进行适应性改造或设计开发基于新标准的新系统，其中欧洲的单一欧元支付区（SEPA）和欧元快速支付系统（SCT Inst）在 ISO 20022 的采标和实施上处于国际领先地位。

作为 ISO 20022 的官方注册机构，环球同业银行金融电讯协会（SWIFT）着力拓展新标准在跨境支付场景中的应用，负责维护专用标准信息资源库，并与利益相关方共同推动标准制定和相关方能力建设等工作。目前，SWIFT 计划在 2022 年底前，实现通过 ISO 20022 处理所有类型的跨境支付业务，并在 2025 年前保持与 SWIFT MT 等原有标准的兼容。鉴于 SWIFT 在大额跨境支付方面具有较强影响力，公共和私营部门的金融机构为获得更高收益，已达成共识将在 2022 年前完成采标。

然而目前推广 ISO 20022 的过程也遇到了一定阻力。金融机构系统迁移计划延迟导致了 2022 年这一总体时间节点同步推迟。特别是对于小型银行而言，自身规模受限以及系统迁移工程复杂，导致加大了标准推广的难度。

对于部分公共部门而言，推行新标准同样面临困难。美联储于 2017 年首次宣布计划，针对 Fedwire 资金汇划服务（实时全额结算）部署 ISO 20022 系统，但受利益相关方及新冠肺炎疫情影响，该计划被迫多次推迟。对于私营部门而言，增强自身竞争力的内在动力和确保互操作性的外部动力双轮驱动推广新标准。增强自身竞争力方面，私营部门着力拓展新标准在支付产品和基础设施中的应用，如采用新标准处理跨境支付业务、提供资金清算结算及配套服务等。SWIFT 依托 ISO 20022 标准，实现了跨境支付服务的可追溯性；VISA 基于 ISO 20022 标准，建立了 B2B Connect 平台，实现了发起行与收款行的直接连接。确保互操作性方面，ISO 卡片标准评估组近期发布了基于 ISO 20022 的收单机构到发卡机构报文（ATICA）标准和卡支付交换（CAPE）标准，实现了发卡机构和收单机构之间的报文传递，为零售支付行业发展带来深远影响。

目前，私营部门采标 ISO 20022 主要受市场驱动而非监管部门强制规定。由于采用新标准投资大、商业回报低，难以适应大多数国家卡支付系统低成本运营的现状，因此各国政府目前通过在公共部门项目率先采用新标准，鼓励并带动私营部门采标。欧洲中央银行与组织利益相关方进行广泛磋商后，达成了"ISO 20022等标准有利于互操作性，但应以市场力量为主推进标准实施"的共识。

主流的银行卡网络组织积极推进 ISO 20022 应用。使用 ISO 20022 能够实现银行卡网络、快速支付系统和基于应用程序接口（API）的支付平台互联互通。但由于 ISO 8583 等原有国际支付报文传输标准应用广泛，目前全面采用新标准的商业案例较为有限。

四、收单机构到发卡机构（ATICA）标准

依托 ISO 20022 工作组，公共部门和私营部门的利益相关方共同制定了 ATICA 标准，该标准涉及银行卡支付和现金提取两大场景。目前 ATICA 标准工作组由欧盟主导推动，但同时包含来自世界各地的跨行业参与者。

制定 ATICA 标准的动机包括三个方面。一是有利于支付基础设施现代化和新标准普及。ISO 20022 的采标工作势必伴随着基础设施的升级改造，显著提升基础设施服务效率；此外银行卡支付目前拥有数十亿用户，有利于标准在全球范围的普及。二是基于 ISO 20022 的 ATICA 标准有效提升交易授权速度，更加适应零售支付业务量大、客户体验要求高的特点。三是为保证不同支付网络间的互操作性，行业需在银行卡领域设置通用的 ISO 20022 标准，与当前的行业 ISO 8583 标准能兼容的为佳。

五、ISO 20022 对支付体系的意义

按照 VISA 经济赋能研究所在论文《论公众对互操作性的看法》中的研究，支付系统互操作性可从三个方面定义：一是技术互操作性，即能够实现跨应用程序或基础设施的支付交易；二是网络互操作性，即能够实现基于网络连接的多方支付交易；三是监管互操作性，即能够实现跨监管制度和跨司法管辖区的支付交易。

总体来看，ISO 20022 在支付体系内推广具备突出的社会效益。新标准进一

步强化支付系统互操作性，多维度优化市场效率。一是简化跨境支付流程，提升跨境支付综合效率；二是降低系统准入壁垒，扩大接入范围，促进市场竞争，提高终端用户资金使用效率，实现普惠金融的发展目标；三是加强支付安全性，升级支付体验。然而，目前大多数零售支付解决方案已经实现了跨境的互操作性，对这些系统而言，使用 ISO 20022 能带来的额外收益并不大。

支付效率方面，ISO 20022 作为通用报文传输标准，能够简化报文转换环节和传输流程，从端到端的层面提升自动化水平，减少人工干预。此外，ISO 20022 与目前主流 API 所使用的分层协议相似，有利于实现金融机构和技术服务提供商的互联互通，进一步提升支付服务实时性。

普惠金融方面，ISO 20022 通过降低准入门槛，促使新的支付服务供应商加入更多的支付系统，促进支付市场形成良性竞争。新型支付平台能够为无银行账户人群提供数字支付服务，但大多基于闭环网络，用户无法发起和接收来自外部金融系统的业务，不利于金融普惠发展，采用通用支付报文标准便于新的支付服务供应商连接到更广泛的金融系统，为普惠金融服务对象提供更加便捷优质的服务。然而，仅依靠 ISO 20022 难以解决普惠金融面临的全部挑战，需要配合采取一系列有助于改善支付系统接入的针对性举措，如简化支付系统结构、承诺扩大接入范围、确保支付系统安全性和信任感、开展金融和数字化扫盲运动等。

支付安全方面，ISO 20022 实现了跨国界收集和传输多维度数据，完善了用户、商户和金融机构的监管信息，有助于保障金融系统完整性；同时赋能机构进一步提升产品和服务，如优化欺诈监测和预防算法、提高支付系统安全性和信任感等，升级终端用户体验。

鉴于 ISO 20022 标准的诸多优点，采用包括转换和映射规则的新标准已被金融稳定委员会列入"促进跨境支付路线图"。国际清算银行（BIS）支付与市场基础设施委员会（CPMI）主导推进这项工作，目前正在评估现有 ISO 格式在跨境支付方面的适用性，并制定基于上述标准的具体用例和市场指导手册。

六、ISO 20022 的局限性

ISO 20022 的局限性主要体现在政策依赖强、技术难度高、投资回报低三个方面。

一是 ISO 20022 实现上述效益需要辅以适当政策手段。特别是在跨境支付领域，监管和治理问题相较于技术性问题挑战更为突出。需要监管机构给予包括完善支付系统开放性和可接入性、维护金融稳定、保护消费者权益等方面的政策支持。

二是从技术层面实现跨系统互联较为复杂。监管机构和支付服务供应商应着力提升支付生态系统中所有参与者之间的互操作性。同时，为确保支付系统安全性，监管机构和支付服务供应商需持续开展尽职调查。

三是采标投入大、回报慢。对于已采用其他国际标准的金融基础设施而言，使用 ISO 20022 替代现有标准将带来巨大的成本支出。标准改造通常与其他基础设施投资同步开展，难以准确估算成本数据，但基于 ISO 8583 的经验看，成本回收可能需要数十年。对于发展中国家而言，成本因素则更加关键，需要在增加金融服务渠道和普及率的同时，兼顾系统完整性和稳定性。

综合上述因素，预计未来几年全球金融系统将持续使用多种报文传输标准，同时基于市场驱动原则，逐步推进基础设施采标 ISO 20022。

一方面，分批次推广新标准。在新建基础设施以及大额跨境支付等互操作性依赖强的场景，率先采用 ISO 20022 标准；在零售等需求不突出的场景，采标工作应在保证系统可靠性的基础上，随着银行和支付网络基础设施的更新逐步实施。

另一方面，制定差异化专用标准。尽管支付基础设施存在趋同的情况，但用户仍长期存在差异化支付产品需求。因此，为不同领域制定基于 ISO 20022 的专用标准，如快速支付规范和 ATICA 标准等，将是 ISO 20022 普及的关键。

七、展望未来

ISO 20022 全球化推广对支付行业意义重大。私营部门采标并建立行业专用标准将提高支付系统整体的互操作性，提升跨系统、跨基础设施、跨国境的支付服务水平，为全球范围内的快速支付和零售支付带来积极影响。

ISO 20022 需要与公共政策和现有标准相互配合。公共政策是推广新报文传输标准的前提与基础，ISO 20022 的进一步推广亟须公共部门给予支持。并且考虑到 ISO 20022 采标成本较高、耗时较长，金融系统中多种报文标准将长期兼容并存。

ISO 20022 采标应考虑成本因素"因事制宜"。在不同领域，采标的成本收益存在较大差别。一是面向新建的基础设施，或大额跨境支付等需求最为迫切的领域，率先推行 ISO 20022 应用。二是小型机构应当慎重采标，确保改造具有针对性。三是全球银行卡网络现行的 ISO 8583 标准较为成熟，两套标准长期看将兼容并存，因此采标 ISO 20022 的优先级较低。四是在小额零售支付等应用场景推广 ISO 20022 的必要性仍有待评估。

公共部门应当遵循市场驱动原则率先推广 ISO 20022。一方面，尽管新标准推广存在困难，但公共部门应立足于金融体系长期良性发展，率先承诺未来将在新建支付基础设施上广泛采用新标准。另一方面，政策制定者应避免强制推广，基于市场驱动原则，引领私营部门的采标工作。

统计分析

2022年第二季度非银行支付机构业务发展情况分析

文/高阳宗　罗建华　崔元悦*

摘要：2022年第二季度，中国支付清算协会非银行支付机构类会员单位（以下简称支付机构）共完成支付业务3087.38亿笔、金额108.27万亿元，同比分别下降0.28%、7.86%。2022年第二季度，受疫情影响，支付业务总量同比有所下降。从交易金额看，网络支付业务量同比首次下降，银行卡收单业务量同比小幅下降，预付卡交易量同比降幅最大。从机构维度看，头部机构发展差异化持续，85家预付卡机构中，有23家机构交易额超过1亿元。

关键词：统计分析　非银行支付机构　业务发展

一、支付业务总体情况

（一）支付业务总量同比首次下降

2022年第二季度，支付机构共完成支付业务（含网络支付业务、银行卡收单业务、预付卡业务）3087.37亿笔、金额108.27万亿元，同比分别下降0.28%、7.86%[①]（见表1、图1）。

---

* 作者单位：中国支付清算协会。
① 个别机构自2022年起按照新口径报送银行卡收单业务数据，并对2021年第二季度数据进行回溯修订。修订后2021年第二季度银行卡收单业务总量为197.62亿笔、金额14.14万亿元，支付业务总量为3096.15亿笔、金额117.50万亿元。

表1　2022年第二季度支付机构支付业务整体情况

业务种类	笔数			金额		
	亿笔	同比增长	占比	亿元	同比增长	占比
网络支付	2877.4	0.02%	93.20%	946818.6	-8.38%	87.45%
银行卡收单	195.7	-0.97%	6.34%	135734.34	-4.02%	12.54%
预付卡交易	14.28	-34.03%	0.46%	104.90	-28.35%	0.01%
合计	3087.38	-0.28%	100.00%	1082657.84	-7.86%	100.00%

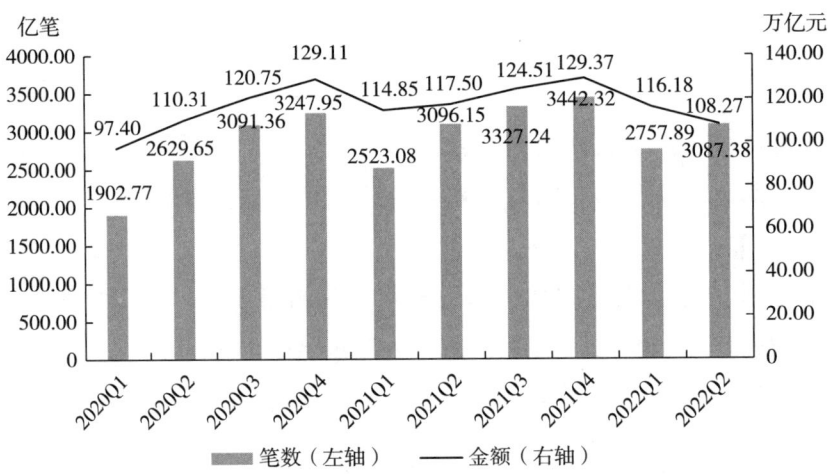

图1　2020年第一季度至2022年第二季度支付机构交易总量

受第二季度疫情影响,网络支付业务、银行卡收单业务、预付卡业务交易量均同比下降。网络支付业务金额94.68万亿元,同比下降8.38%;银行卡收单金额13.57万亿元,同比下降4.02%;预付卡交易金额104.90亿元,同比下降28.35%。各类支付业务份额保持稳定,从交易总金额占比来看,网络支付业务占比87.45%,银行卡收单业务占比12.54%,预付卡交易份额仅为万分之一。

(二)支付交易小额化特征进一步凸显

2022年第二季度支付业务笔均交易金额为350.67元,同比下降7.60%。其中,网络支付笔均交易金额为329.05元,同比下降8.40%;银行卡收单交易笔均金额为693.58元,同比下降3.07%;预付卡交易笔均金额为7.35元,同比增长8.59%(见表2)。

表 2　　　　　　　　　2022 年第二季度支付机构各业务笔均交易额

业务种类	2022 年第二季度		2021 年第二季度
	笔均交易额（元）	同比增长（%）	笔均交易额（元）
网络支付	329.05	-8.40	359.21
银行卡收单	693.58	-3.07	715.58
预付卡交易	7.35	8.73	6.76
合计	350.67	-7.60	379.50

注：因自 2022 年起按照新口径报送银行卡收单业务数据，并对 2021 年第二季度数据进行回溯修订，修订后 2021 年第二季度银行卡收单业务笔均金额为 715.58 元，支付业务总量笔均金额为 379.50 元。

（三）市场集中度保持高位，前十机构业务笔数和金额总量占比约九成

2022 年第二季度，支付业务金额排名前十位的机构共完成支付业务 2815.22 亿笔、金额 96.66 万亿元，同比分别下降 2.39%、7.77%；排名前十的机构业务笔数和金额分别占交易总量的 91.18%、89.28%。

二、网络支付业务

2022 年第二季度，支付机构共完成网络支付业务 2877.40 亿笔，同比增长 0.02%，金额 94.68 万亿元，同比下降 8.73%，分别占交易总量的 93.20%、87.45%（见图 2）。其中，移动电话支付作为网络支付的主要部分，在网络支付中的金额占比为 86.24%；互联网支付在网络支付中的金额占比为 13.76%（见表 3）。

表 3　　　　　　　　　2022 年第二季度网络支付业务情况

网络支付业务	笔数			金额		
	亿笔	同比增长	占比	亿元	同比增长	占比
互联网支付	373.70	10.94%	12.99%	130239.91	-8.61%	13.76%
移动电话支付	2503.70	-1.43%	87.01%	816577.77	-8.34%	86.24%
固定电话支付	0.00	-55.09%	0.00%	0.00	-22.89%	0.00%
数字电视支付	0.00	150%	0.00%	0.00	-13.77%	0.00%
合计	2877.40	0.02%	100.00%	946817.68	-8.38%	100.00%

（一）受疫情影响互联网支付业务金额第二季度同比继续下降

2022 年第二季度，支付机构共处理互联网支付业务 373.70 亿笔、金额 13.02

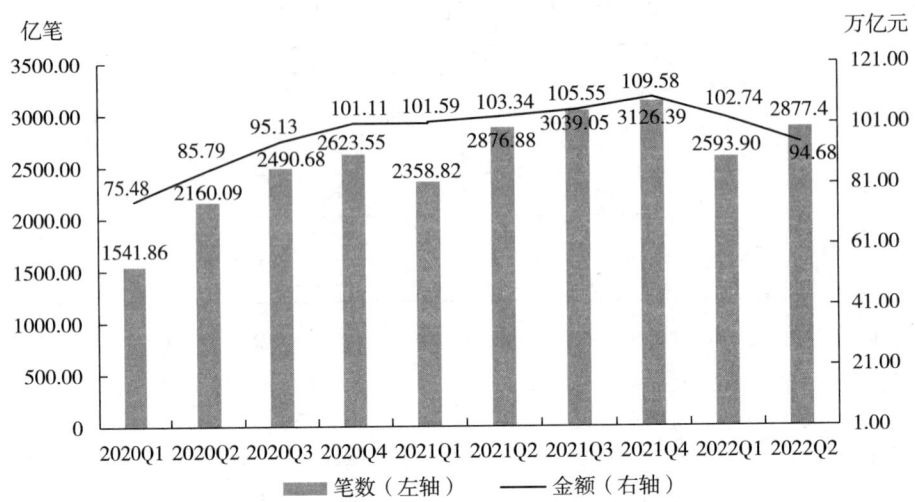

图 2　2020 年第一季度至 2022 年第二季度网络支付业务量

万亿元，同比分别增长 10.94%、下降 8.61%（见图 3）。互联网支付笔数和金额占网络支付业务比重分别为 12.99%、13.76%。

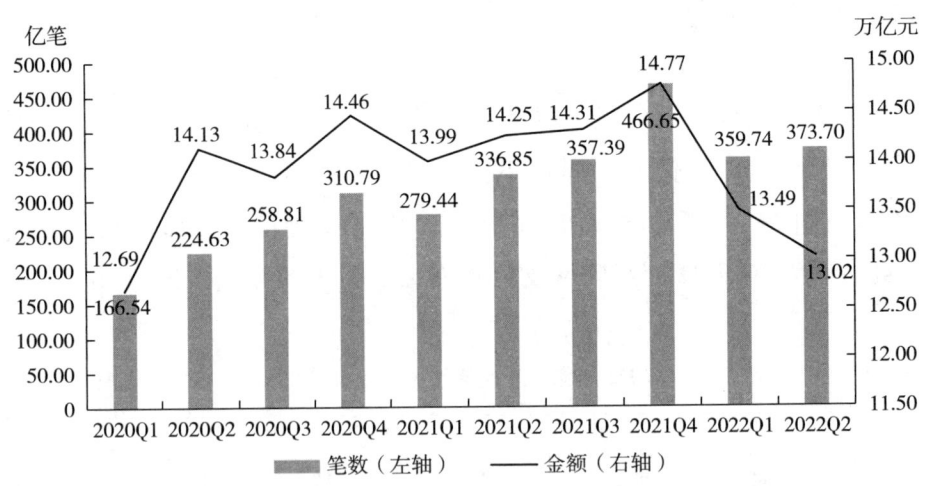

图 3　2020 年第一季度至 2022 年第二季度互联网支付业务量

互联网支付业务金额排名前十位的支付机构共完成互联网支付业务 328.60 亿笔、金额 10.41 万亿元，同比分别增长 11.44%、下降 4.31%。排名前十的机构业务笔数、金额占比分别为 87.93%、79.92%。

第二季度，上海、北京相继暴发疫情，大部分机构受疫情影响，互联网支付业务量同比显著下降，个别机构则因线上买菜、社区团购等小额支付需求增加，带动互联网支付业务量同比增长。

（二）移动电话支付业务在网络支付市场中的份额占比超过八成，2020年以来同比首次下降

2022年第二季度，支付机构共处理移动电话支付业务2503.70亿笔、金额81.66万亿元，同比分别下降1.43%、8.34%（见图4）。移动电话支付业务占网络支付总量的87.01%、86.24%。

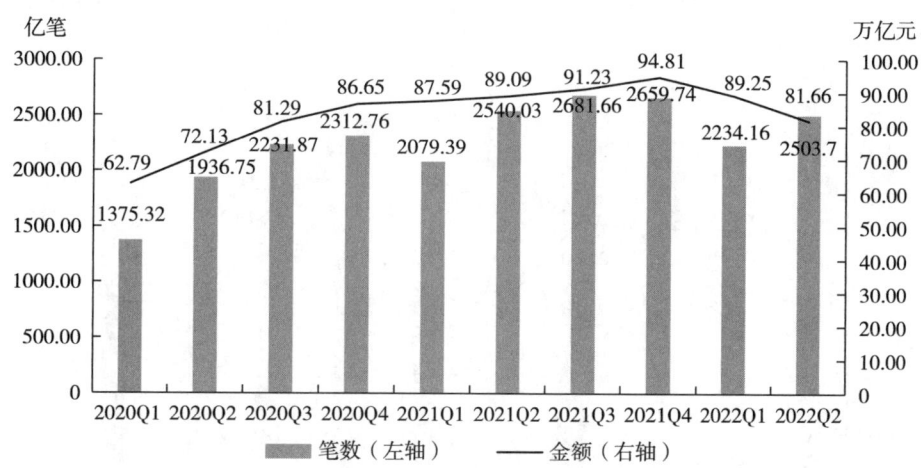

图4　2020年第一季度至2022年第二季度移动电话支付业务量

移动电话支付的市场集中度为所有业务类型之最，业务金额排名前十位的支付机构共完成移动电话支付业务2451.59亿笔、金额81.33万亿元，同比分别下降2.36%、8.33%；笔数、金额占比分别为97.92%、99.60%。

（三）固定电话支付业务的市场参与机构仅剩2家，开展数字电视支付业务的仅有1家

固定电话支付业务和数字电视支付业务占网络支付业务总量的比重均不足1%。2022年第二季度，支付机构共处理固定电话支付业务0.97万笔、金额874.16万元，同比分别下降55.09%、22.89%。

（四）支付机构在用支付账户总量环比保持增长，新开立支付账户环比减少

截至2022年第二季度末，支付机构在用支付账户（含非实名）数量共计59.47亿个，环比增长3.66%；新开立支付账户1.68亿个，环比下降8.27%。

2022年第二季度，支付账户数量排名前十位的机构共拥有在用支付账户

55.64亿个,环比增长3.67%,占比为93.57%;新开立支付账户1.59亿个,环比下降8.59%,占比为94.39%。

三、银行卡收单业务

2022年第二季度银行卡收单业务量同比有所下降。2022年第二季度,支付机构共完成银行卡收单业务195.70亿笔、金额13.57万亿元,同比分别下降0.97%、4.02%[①](见图5)。

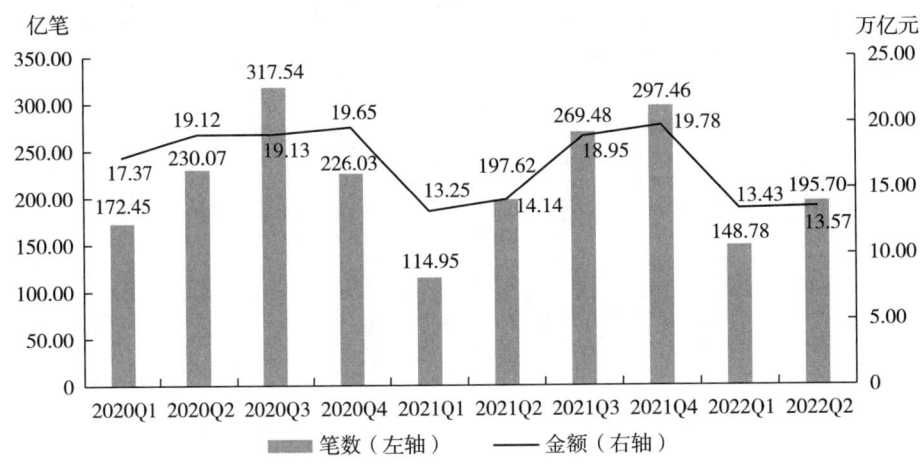

图5　2020年第一季度至2022年第二季度银行卡收单业务量

银行卡收单业务市场集中度相对较低。排名前十位的支付机构共处理银行卡收单业务107.93亿笔、金额8.52万亿元,同比分别增长17.54%、6.14%,分别占银行卡收单总量的55.15%、62.79%。

四、预付卡业务

2022年第二季度,从事预付卡业务的机构数量为85家。其中,11家机构经营公交一卡通业务。预付卡总体业务规模较小,受疫情影响第二季度预付卡交易量进一步萎缩,交易金额在支付机构交易总金额中仅占万分之一。

---

① 自2022年起按照新口径报送银行卡收单业务数据,并对2021年第二季度数据进行回溯修订,因此收单业务量下降明显。2021年第二季度银行卡收单业务笔数和金额分别为197.62亿笔、14.14万亿元。

（一）预付卡发行（含充值）业务受疫情影响同比显著下降

2022年第二季度共发行实体预付卡0.14亿张，金额96.42亿元，同比分别下降30.58%、24.07%。发行金额排名前十位的机构中，共发行预付卡814.11万张，同比下降36.88%；金额68.04亿元，同比下降12.56%；预付卡发行张数和金额分别占总量的59.57%、70.57%。

（二）预付卡交易业务量同比下降

2022年第二季度，支付机构共发生预付卡交易14.28亿笔、金额104.90亿元，同比分别下降34.03%、28.35%。交易金额排名前十位的机构共发生预付卡交易8.68亿笔、金额74.99亿元，分别占预付卡交易总量的60.77%、71.49%。85家机构中，有23家机构交易额超过1亿元，另有19家机构交易额低于10万元，经营面临较大困难。

五、跨境支付业务

2022年第二季度，共有42家支付机构开展跨境支付业务，共处理跨境支付业务17.54亿笔、金额2675.28亿元（见图6）。

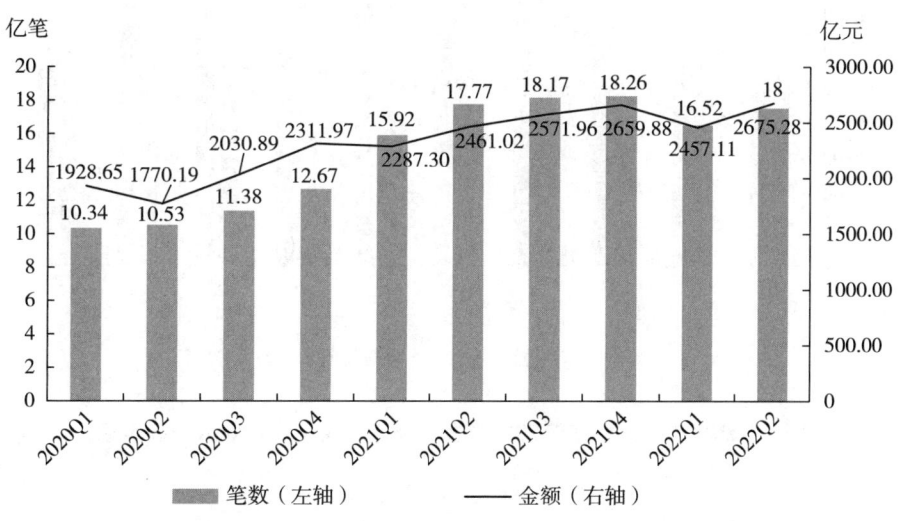

图6　2020年第一季度至2022年第二季度跨境支付业务量

跨境人民币支付业务量是跨境外汇支付业务量的近6倍，跨境收入业务量是跨境支出业务量的近2倍。2022年第二季度，40家机构开展跨境人民币业务，

21家开展跨境外汇业务,跨境人民币支付业务金额为跨境外汇支付业务金额的5.99倍,占跨境支付交易总金额的85.70%。跨境收入业务金额为跨境支出业务金额的1.84倍,占跨境支付交易总金额的64.80%。

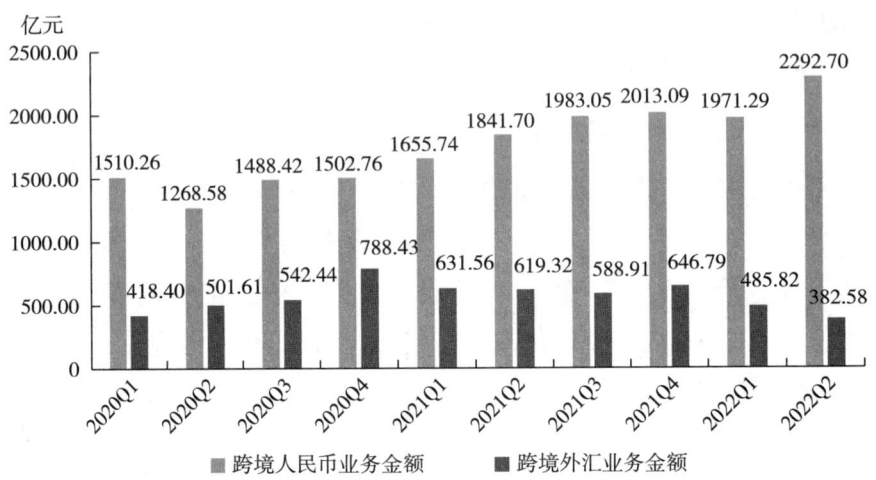

图7 2020年第一季度至2022年第二季度跨境支付业务量

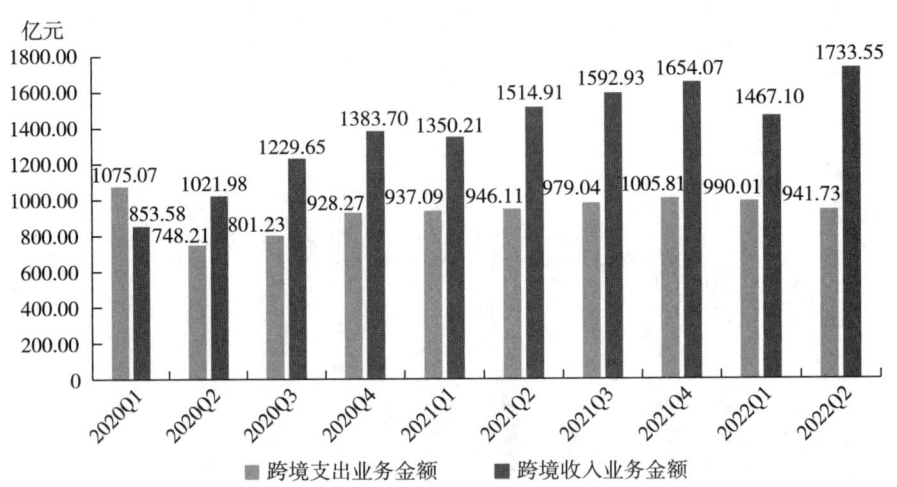

图8 2020年第一季度至2022年第二季度跨境支出和收入业务金额

六、小结

新冠肺炎疫情影响下各类支付业务量同比均有所下降。第二季度,上海、北京相继暴发疫情,受此影响,支付业务总金额同比下降7.86%。其中,网络支付业务金额同比下降8.38%，银行卡收单业务金额同比下降4.02%，预付卡业务金额同比下降28.35%。

网络支付业务量同比首次下降。网络支付业务一直在支付业务中占比最大且市场集中度较高，本季度受上海、北京等地的疫情影响，财付通、支付宝网络支付业务量均出现同比下降，导致网络支付业务总量出现下降。

银行卡收单业务量同比小幅下降。银行卡收单业务市场集中度不高，银行卡收单金额占比超过5%的机构仅有3家，笔数占比超过5%的机构仅有5家，且因收单牌照具有地域限制，可以在一定程度上分散第二季度上海、北京疫情对收单业务的影响，因此银行卡收单业务量降幅最小。

预付卡业务量降幅最大。2022年第二季度，受疫情影响，预付卡业务量延续了第一季度同比下降的趋势，本季度预付卡业务笔数和金额同比分别下降34.03%和28.35%。在向中国支付清算协会报送预付卡业务量的85家机构中，预付卡业务笔数同比增长的机构仅有17家，金额同比增长的机构仅有18家。

政策传递

中华人民共和国反电信网络诈骗法

（2022年9月2日第十三届全国人民代表大会
常务委员会第三十六次会议通过）

目　录

第一章　总　　则
第二章　电信治理
第三章　金融治理
第四章　互联网治理
第五章　综合措施
第六章　法律责任
第七章　附　　则

第一章　总　则

第一条　为了预防、遏制和惩治电信网络诈骗活动，加强反电信网络诈骗工作，保护公民和组织的合法权益，维护社会稳定和国家安全，根据宪法，制定本法。

第二条　本法所称电信网络诈骗，是指以非法占有为目的，利用电信网络技术手段，通过远程、非接触等方式，诈骗公私财物的行为。

第三条　打击治理在中华人民共和国境内实施的电信网络诈骗活动或者中华人民共和国公民在境外实施的电信网络诈骗活动，适用本法。

境外的组织、个人针对中华人民共和国境内实施电信网络诈骗活动的，或者为他人针对境内实施电信网络诈骗活动提供产品、服务等帮助的，依照本法有关规定处理和追究责任。

第四条 反电信网络诈骗工作坚持以人民为中心，统筹发展和安全；坚持系统观念、法治思维，注重源头治理、综合治理；坚持齐抓共管、群防群治，全面落实打防管控各项措施，加强社会宣传教育防范；坚持精准防治，保障正常生产经营活动和群众生活便利。

第五条 反电信网络诈骗工作应当依法进行，维护公民和组织的合法权益。

有关部门和单位、个人应当对在反电信网络诈骗工作过程中知悉的国家秘密、商业秘密和个人隐私、个人信息予以保密。

第六条 国务院建立反电信网络诈骗工作机制，统筹协调打击治理工作。

地方各级人民政府组织领导本行政区域内反电信网络诈骗工作，确定反电信网络诈骗目标任务和工作机制，开展综合治理。

公安机关牵头负责反电信网络诈骗工作，金融、电信、网信、市场监管等有关部门依照职责履行监管主体责任，负责本行业领域反电信网络诈骗工作。

人民法院、人民检察院发挥审判、检察职能作用，依法防范、惩治电信网络诈骗活动。

电信业务经营者、银行业金融机构、非银行支付机构、互联网服务提供者承担风险防控责任，建立反电信网络诈骗内部控制机制和安全责任制度，加强新业务涉诈风险安全评估。

第七条 有关部门、单位在反电信网络诈骗工作中应当密切协作，实现跨行业、跨地域协同配合、快速联动，加强专业队伍建设，有效打击治理电信网络诈骗活动。

第八条 各级人民政府和有关部门应当加强反电信网络诈骗宣传，普及相关法律和知识，提高公众对各类电信网络诈骗方式的防骗意识和识骗能力。

教育行政、市场监管、民政等有关部门和村民委员会、居民委员会，应当结合电信网络诈骗受害群体的分布等特征，加强对老年人、青少年等群体的宣传教育，增强反电信网络诈骗宣传教育的针对性、精准性，开展反电信网络诈骗宣传教育进学校、进企业、进社区、进农村、进家庭等活动。

各单位应当加强内部防范电信网络诈骗工作，对工作人员开展防范电信网络诈骗教育；个人应当加强电信网络诈骗防范意识。单位、个人应当协助、配合有关部门依照本法规定开展反电信网络诈骗工作。

第二章 电信治理

第九条 电信业务经营者应当依法全面落实电话用户真实身份信息登记制度。

基础电信企业和移动通信转售企业应当承担对代理商落实电话用户实名制管理责任，在协议中明确代理商实名制登记的责任和有关违约处置措施。

第十条 办理电话卡不得超出国家有关规定限制的数量。

对经识别存在异常办卡情形的，电信业务经营者有权加强核查或者拒绝办卡。具体识别办法由国务院电信主管部门制定。

国务院电信主管部门组织建立电话用户开卡数量核验机制和风险信息共享机制，并为用户查询名下电话卡信息提供便捷渠道。

第十一条 电信业务经营者对监测识别的涉诈异常电话卡用户应当重新进行实名核验，根据风险等级采取有区别的、相应的核验措施。对未按规定核验或者核验未通过的，电信业务经营者可以限制、暂停有关电话卡功能。

第十二条 电信业务经营者建立物联网卡用户风险评估制度，评估未通过的，不得向其销售物联网卡；严格登记物联网卡用户身份信息；采取有效技术措施限定物联网卡开通功能、使用场景和适用设备。

单位用户从电信业务经营者购买物联网卡再将载有物联网卡的设备销售给其他用户的，应当核验和登记用户身份信息，并将销量、存量及用户实名信息传送给号码归属的电信业务经营者。

电信业务经营者对物联网卡的使用建立监测预警机制。对存在异常使用情形的，应当采取暂停服务、重新核验身份和使用场景或者其他合同约定的处置措施。

第十三条 电信业务经营者应当规范真实主叫号码传送和电信线路出租，对改号电话进行封堵拦截和溯源核查。

电信业务经营者应当严格规范国际通信业务出入口局主叫号码传送，真实、准确向用户提示来电号码所属国家或者地区，对网内和网间虚假主叫、不规范主叫进行识别、拦截。

第十四条 任何单位和个人不得非法制造、买卖、提供或者使用下列设备、软件：

（一）电话卡批量插入设备；

（二）具有改变主叫号码、虚拟拨号、互联网电话违规接入公用电信网络等功能的设备、软件；

（三）批量账号、网络地址自动切换系统，批量接收提供短信验证、语音验证的平台；

（四）其他用于实施电信网络诈骗等违法犯罪的设备、软件。

电信业务经营者、互联网服务提供者应当采取技术措施，及时识别、阻断前款规定的非法设备、软件接入网络，并向公安机关和相关行业主管部门报告。

第三章 金融治理

第十五条 银行业金融机构、非银行支付机构为客户开立银行账户、支付账户及提供支付结算服务，和与客户业务关系存续期间，应当建立客户尽职调查制度，依法识别受益所有人，采取相应风险管理措施，防范银行账户、支付账户等被用于电信网络诈骗活动。

第十六条 开立银行账户、支付账户不得超出国家有关规定限制的数量。

对经识别存在异常开户情形的，银行业金融机构、非银行支付机构有权加强核查或者拒绝开户。

中国人民银行、国务院银行业监督管理机构组织有关清算机构建立跨机构开户数量核验机制和风险信息共享机制，并为客户提供查询名下银行账户、支付账户的便捷渠道。银行业金融机构、非银行支付机构应当按照国家有关规定提供开户情况和有关风险信息。相关信息不得用于反电信网络诈骗以外的其他用途。

第十七条 银行业金融机构、非银行支付机构应当建立开立企业账户异常情形的风险防控机制。金融、电信、市场监管、税务等有关部门建立开立企业账户相关信息共享查询系统，提供联网核查服务。

市场主体登记机关应当依法对企业实名登记履行身份信息核验职责；依照规定对登记事项进行监督检查，对可能存在虚假登记、涉诈异常的企业重点监督检查，依法撤销登记的，依照前款的规定及时共享信息；为银行业金融机构、非银行支付机构进行客户尽职调查和依法识别受益所有人提供便利。

第十八条 银行业金融机构、非银行支付机构应当对银行账户、支付账户及支付结算服务加强监测，建立完善符合电信网络诈骗活动特征的异常账户和可疑交易监测机制。

中国人民银行统筹建立跨银行业金融机构、非银行支付机构的反洗钱统一监测系统，会同国务院公安部门完善与电信网络诈骗犯罪资金流转特点相适应的反洗钱可疑交易报告制度。

对监测识别的异常账户和可疑交易，银行业金融机构、非银行支付机构应当根据风险情况，采取核实交易情况、重新核验身份、延迟支付结算、限制或者中止有关业务等必要的防范措施。

银行业金融机构、非银行支付机构依照第一款规定开展异常账户和可疑交易监测时，可以收集异常客户互联网协议地址、网卡地址、支付受理终端信息等必要的交易信息、设备位置信息。上述信息未经客户授权，不得用于反电信网络诈骗以外的其他用途。

第十九条 银行业金融机构、非银行支付机构应当按照国家有关规定，完整、准确传输直接提供商品或者服务的商户名称、收付款客户名称及账号等交易信息，保证交易信息的真实、完整和支付全流程中的一致性。

第二十条 国务院公安部门会同有关部门建立完善电信网络诈骗涉案资金即时查询、紧急止付、快速冻结、及时解冻和资金返还制度，明确有关条件、程序和救济措施。

公安机关依法决定采取上述措施的，银行业金融机构、非银行支付机构应当予以配合。

第四章 互联网治理

第二十一条 电信业务经营者、互联网服务提供者为用户提供下列服务，在与用户签订协议或者确认提供服务时，应当依法要求用户提供真实身份信息，用户不提供真实身份信息的，不得提供服务：

（一）提供互联网接入服务；

（二）提供网络代理等网络地址转换服务；

（三）提供互联网域名注册、服务器托管、空间租用、云服务、内容分发服务；

（四）提供信息、软件发布服务，或者提供即时通讯、网络交易、网络游戏、网络直播发布、广告推广服务。

第二十二条　互联网服务提供者对监测识别的涉诈异常账号应当重新核验，根据国家有关规定采取限制功能、暂停服务等处置措施。

互联网服务提供者应当根据公安机关、电信主管部门要求，对涉案电话卡、涉诈异常电话卡所关联注册的有关互联网账号进行核验，根据风险情况，采取限期改正、限制功能、暂停使用、关闭账号、禁止重新注册等处置措施。

第二十三条　设立移动互联网应用程序应当按照国家有关规定向电信主管部门办理许可或者备案手续。

为应用程序提供封装、分发服务的，应当登记并核验应用程序开发运营者的真实身份信息，核验应用程序的功能、用途。

公安、电信、网信等部门和电信业务经营者、互联网服务提供者应当加强对分发平台以外途径下载传播的涉诈应用程序重点监测、及时处置。

第二十四条　提供域名解析、域名跳转、网址链接转换服务的，应当按照国家有关规定，核验域名注册、解析信息和互联网协议地址的真实性、准确性，规范域名跳转，记录并留存所提供相应服务的日志信息，支持实现对解析、跳转、转换记录的溯源。

第二十五条　任何单位和个人不得为他人实施电信网络诈骗活动提供下列支持或者帮助：

（一）出售、提供个人信息；

（二）帮助他人通过虚拟货币交易等方式洗钱；

（三）其他为电信网络诈骗活动提供支持或者帮助的行为。

电信业务经营者、互联网服务提供者应当依照国家有关规定，履行合理注意义务，对利用下列业务从事涉诈支持、帮助活动进行监测识别和处置：

（一）提供互联网接入、服务器托管、网络存储、通讯传输、线路出租、域名解析等网络资源服务；

（二）提供信息发布或者搜索、广告推广、引流推广等网络推广服务；

（三）提供应用程序、网站等网络技术、产品的制作、维护服务；

（四）提供支付结算服务。

第二十六条　公安机关办理电信网络诈骗案件依法调取证据的，互联网服务提供者应当及时提供技术支持和协助。

互联网服务提供者依照本法规定对有关涉诈信息、活动进行监测时，发现涉诈违法犯罪线索、风险信息的，应当依照国家有关规定，根据涉诈风险类型、程度情况移送公安、金融、电信、网信等部门。有关部门应当建立完善反馈机制，将相关情况及时告知移送单位。

第五章　综合措施

第二十七条　公安机关应当建立完善打击治理电信网络诈骗工作机制，加强专门队伍和专业技术建设，各警种、各地公安机关应当密切配合，依法有效惩处电信网络诈骗活动。

公安机关接到电信网络诈骗活动的报案或者发现电信网络诈骗活动，应当依照《中华人民共和国刑事诉讼法》的规定立案侦查。

第二十八条　金融、电信、网信部门依照职责对银行业金融机构、非银行支付机构、电信业务经营者、互联网服务提供者落实本法规定情况进行监督检查。有关监督检查活动应当依法规范开展。

第二十九条　个人信息处理者应当依照《中华人民共和国个人信息保护法》等法律规定，规范个人信息处理，加强个人信息保护，建立个人信息被用于电信网络诈骗的防范机制。

履行个人信息保护职责的部门、单位对可能被电信网络诈骗利用的物流信息、交易信息、贷款信息、医疗信息、婚介信息等实施重点保护。公安机关办理电信网络诈骗案件，应当同时查证犯罪所利用的个人信息来源，依法追究相关人员和单位责任。

第三十条　电信业务经营者、银行业金融机构、非银行支付机构、互联网服务提供者应当对从业人员和用户开展反电信网络诈骗宣传，在有关业务活动中对防范电信网络诈骗作出提示，对本领域新出现的电信网络诈骗手段及时向用户作出提醒，对非法买卖、出租、出借本人有关卡、账户、账号等被用于电信网络诈骗的法律责任作出警示。

新闻、广播、电视、文化、互联网信息服务等单位，应当面向社会有针对性地开展反电信网络诈骗宣传教育。

任何单位和个人有权举报电信网络诈骗活动，有关部门应当依法及时处理，对提供有效信息的举报人依照规定给予奖励和保护。

第三十一条　任何单位和个人不得非法买卖、出租、出借电话卡、物联网卡、电信线路、短信端口、银行账户、支付账户、互联网账号等，不得提供实名核验帮助；不得假冒他人身份或者虚构代理关系开立上述卡、账户、账号等。

对经设区的市级以上公安机关认定的实施前款行为的单位、个人和相关组织者，以及因从事电信网络诈骗活动或者关联犯罪受过刑事处罚的人员，可以按照国家有关规定记入信用记录，采取限制其有关卡、账户、账号等功能和停止非柜面业务、暂停新业务、限制入网等措施。对上述认定和措施有异议的，可以提出申诉，有关部门应当建立健全申诉渠道、信用修复和救济制度。具体办法由国务院公安部门会同有关主管部门规定。

第三十二条 国家支持电信业务经营者、银行业金融机构、非银行支付机构、互联网服务提供者研究开发有关电信网络诈骗反制技术，用于监测识别、动态封堵和处置涉诈异常信息、活动。

国务院公安部门、金融管理部门、电信主管部门和国家网信部门等应当统筹负责本行业领域反制技术措施建设，推进涉电信网络诈骗样本信息数据共享，加强涉诈用户信息交叉核验，建立有关涉诈异常信息、活动的监测识别、动态封堵和处置机制。

依据本法第十一条、第十二条、第十八条、第二十二条和前款规定，对涉诈异常情形采取限制、暂停服务等处置措施的，应当告知处置原因、救济渠道及需要提交的资料等事项，被处置对象可以向作出决定或者采取措施的部门、单位提出申诉。作出决定的部门、单位应当建立完善申诉渠道，及时受理申诉并核查，核查通过的，应当即时解除有关措施。

第三十三条 国家推进网络身份认证公共服务建设，支持个人、企业自愿使用，电信业务经营者、银行业金融机构、非银行支付机构、互联网服务提供者对存在涉诈异常的电话卡、银行账户、支付账户、互联网账号，可以通过国家网络身份认证公共服务对用户身份重新进行核验。

第三十四条 公安机关应当会同金融、电信、网信部门组织银行业金融机构、非银行支付机构、电信业务经营者、互联网服务提供者等建立预警劝阻系统，对预警发现的潜在被害人，根据情况及时采取相应劝阻措施。对电信网络诈骗案件应当加强追赃挽损，完善涉案资金处置制度，及时返还被害人的合法财产。对遭受重大生活困难的被害人，符合国家有关救助条件的，有关方面依照规定给予救助。

第三十五条 经国务院反电信网络诈骗工作机制决定或者批准，公安、金融、电信等部门对电信网络诈骗活动严重的特定地区，可以依照国家有关规定采取必要的临时风险防范措施。

第三十六条 对前往电信网络诈骗活动严重地区的人员，出境活动存在重大涉电信网络诈骗活动嫌疑的，移民管理机构可以决定不准其出境。

因从事电信网络诈骗活动受过刑事处罚的人员，设区的市级以上公安机关可以根据犯罪情况和预防再犯罪的需要，决定自处罚完毕之日起六个月至三年以内不准其出境，并通知移民管理机构执行。

第三十七条 国务院公安部门等会同外交部门加强国际执法司法合作，与有关国家、地区、国际组织建立有效合作机制，通过开展国际警务合作等方式，提升在信息交流、调查取证、侦查抓捕、追赃挽损等方面的合作水平，有效打击遏制跨境电信网络诈骗活动。

第六章　法律责任

第三十八条 组织、策划、实施、参与电信网络诈骗活动或者为电信网络诈骗活动提供帮助，构成犯罪的，依法追究刑事责任。

前款行为尚不构成犯罪的，由公安机关处十日以上十五日以下拘留；没收违法所得，处违法所得一倍以上十倍以下罚款，没有违法所得或者违法所得不足一万元的，处十万元以下罚款。

第三十九条 电信业务经营者违反本法规定，有下列情形之一的，由有关主管部门责令改正，情节较轻的，给予警告、通报批评，或者处五万元以上五十万元以下罚款；情节严重的，处五十万元以上五百万元以下罚款，并可以由有关主管部门责令暂停相关业务、停业整顿、吊销相关业务许可证或者吊销营业执照，对其直接负责的主管人员和其他直接责任人员，处一万元以上二十万元以下罚款：

（一）未落实国家有关规定确定的反电信网络诈骗内部控制机制的；

（二）未履行电话卡、物联网卡实名制登记职责的；

（三）未履行对电话卡、物联网卡的监测识别、监测预警和相关处置职责的；

（四）未对物联网卡用户进行风险评估，或者未限定物联网卡的开通功能、使用场景和适用设备的；

（五）未采取措施对改号电话、虚假主叫或者具有相应功能的非法设备进行监测处置的。

第四十条 银行业金融机构、非银行支付机构违反本法规定，有下列情形之一的，由有关主管部门责令改正，情节较轻的，给予警告、通报批评，或者处五万元以上五十万元以下罚款；情节严重的，处五十万元以上五百万元以下罚款，并可以由有关主管部门责令停止新增业务、缩减业务类型或者业务范围、暂停相关业务、停业整顿、吊销相关业务许可证或者吊销营业执照，对其直接负责的主管人员和其他直接责任人员，处一万元以上二十万元以下罚款：

（一）未落实国家有关规定确定的反电信网络诈骗内部控制机制的；

（二）未履行尽职调查义务和有关风险管理措施的；

（三）未履行对异常账户、可疑交易的风险监测和相关处置义务的；

（四）未按照规定完整、准确传输有关交易信息的。

第四十一条 电信业务经营者、互联网服务提供者违反本法规定，有下列情形之一的，由有关主管部门责令改正，情节较轻的，给予警告、通报批评，或者处五万元以上五十万元以下罚款；情节严重的，处五十万元以上五百万元以下罚款，并可以由有关主管部门责令暂停相关业务、停业整顿、关闭网站或者应用程序、吊销相关业务许可证或者吊销营业执照，对其直接负责的主管人员和其他直接责任人员，处一万元以上二十万元以下罚款：

（一）未落实国家有关规定确定的反电信网络诈骗内部控制机制的；

（二）未履行网络服务实名制职责，或者未对涉案、涉诈电话卡关联注册互联网账号进行核验的；

（三）未按照国家有关规定，核验域名注册、解析信息和互联网协议地址的真实性、准确性，规范域名跳转，或者记录并留存所提供相应服务的日志信息的；

（四）未登记核验移动互联网应用程序开发运营者的真实身份信息或者未核验应用程序的功能、用途，为其提供应用程序封装、分发服务的；

（五）未履行对涉诈互联网账号和应用程序，以及其他电信网络诈骗信息、活动的监测识别和处置义务的；

（六）拒不依法为查处电信网络诈骗犯罪提供技术支持和协助，或者未按规定移送有关违法犯罪线索、风险信息的。

第四十二条　违反本法第十四条、第二十五条第一款规定的，没收违法所得，由公安机关或者有关主管部门处违法所得一倍以上十倍以下罚款，没有违法所得或者违法所得不足五万元的，处五十万元以下罚款；情节严重的，由公安机关并处十五日以下拘留。

第四十三条　违反本法第二十五条第二款规定，由有关主管部门责令改正，情节较轻的，给予警告、通报批评，或者处五万元以上五十万元以下罚款；情节严重的，处五十万元以上五百万元以下罚款，并可以由有关主管部门责令暂停相关业务、停业整顿、关闭网站或者应用程序，对其直接负责的主管人员和其他直接责任人员，处一万元以上二十万元以下罚款。

第四十四条　违反本法第三十一条第一款规定的，没收违法所得，由公安机关处违法所得一倍以上十倍以下罚款，没有违法所得或者违法所得不足二万元的，处二十万元以下罚款；情节严重的，并处十五日以下拘留。

第四十五条　反电信网络诈骗工作有关部门、单位的工作人员滥用职权、玩忽职守、徇私舞弊，或者有其他违反本法规定行为，构成犯罪的，依法追究刑事责任。

第四十六条　组织、策划、实施、参与电信网络诈骗活动或者为电信网络诈骗活动提供相关帮助的违法犯罪人员，除依法承担刑事责任、行政责任以外，造成他人损害的，依照《中华人民共和国民法典》等法律的规定承担民事责任。

电信业务经营者、银行业金融机构、非银行支付机构、互联网服务提供者等违反本法规定，造成他人损害的，依照《中华人民共和国民法典》等法律的规定承担民事责任。

第四十七条　人民检察院在履行反电信网络诈骗职责中，对于侵害国家利益和社会公共利益的行为，可以依法向人民法院提起公益诉讼。

第四十八条　有关单位和个人对依照本法作出的行政处罚和行政强制措施决定不服的，可以依法申请行政复议或者提起行政诉讼。

第七章　附　则

第四十九条　反电信网络诈骗工作涉及的有关管理和责任制度，本法没有规定的，适用《中华人民共和国网络安全法》、《中华人民共和国个人信息保护法》、《中华人民共和国反洗钱法》等相关法律规定。

第五十条　本法自2022年12月1日起施行。

互联网信息服务算法推荐管理规定

第一章 总 则

第一条 为了规范互联网信息服务算法推荐活动，弘扬社会主义核心价值观，维护国家安全和社会公共利益，保护公民、法人和其他组织的合法权益，促进互联网信息服务健康有序发展，根据《中华人民共和国网络安全法》、《中华人民共和国数据安全法》、《中华人民共和国个人信息保护法》、《互联网信息服务管理办法》等法律、行政法规，制定本规定。

第二条 在中华人民共和国境内应用算法推荐技术提供互联网信息服务（以下简称算法推荐服务），适用本规定。法律、行政法规另有规定的，依照其规定。

前款所称应用算法推荐技术，是指利用生成合成类、个性化推送类、排序精选类、检索过滤类、调度决策类等算法技术向用户提供信息。

第三条 国家网信部门负责统筹协调全国算法推荐服务治理和相关监督管理工作。国务院电信、公安、市场监管等有关部门依据各自职责负责算法推荐服务监督管理工作。

地方网信部门负责统筹协调本行政区域内的算法推荐服务治理和相关监督管理工作。地方电信、公安、市场监管等有关部门依据各自职责负责本行政区域内的算法推荐服务监督管理工作。

第四条 提供算法推荐服务，应当遵守法律法规，尊重社会公德和伦理，遵守商业道德和职业道德，遵循公正公平、公开透明、科学合理和诚实信用的原则。

第五条 鼓励相关行业组织加强行业自律，建立健全行业标准、行业准则和自律管理制度，督促指导算法推荐服务提供者制定完善服务规范、依法提供服务并接受社会监督。

第二章　信息服务规范

第六条　算法推荐服务提供者应当坚持主流价值导向，优化算法推荐服务机制，积极传播正能量，促进算法应用向上向善。

算法推荐服务提供者不得利用算法推荐服务从事危害国家安全和社会公共利益、扰乱经济秩序和社会秩序、侵犯他人合法权益等法律、行政法规禁止的活动，不得利用算法推荐服务传播法律、行政法规禁止的信息，应当采取措施防范和抵制传播不良信息。

第七条　算法推荐服务提供者应当落实算法安全主体责任，建立健全算法机制机理审核、科技伦理审查、用户注册、信息发布审核、数据安全和个人信息保护、反电信网络诈骗、安全评估监测、安全事件应急处置等管理制度和技术措施，制定并公开算法推荐服务相关规则，配备与算法推荐服务规模相适应的专业人员和技术支撑。

第八条　算法推荐服务提供者应当定期审核、评估、验证算法机制机理、模型、数据和应用结果等，不得设置诱导用户沉迷、过度消费等违反法律法规或者违背伦理道德的算法模型。

第九条　算法推荐服务提供者应当加强信息安全管理，建立健全用于识别违法和不良信息的特征库，完善入库标准、规则和程序。发现未作显著标识的算法生成合成信息的，应当作出显著标识后，方可继续传输。

发现违法信息的，应当立即停止传输，采取消除等处置措施，防止信息扩散，保存有关记录，并向网信部门和有关部门报告。发现不良信息的，应当按照网络信息内容生态治理有关规定予以处置。

第十条　算法推荐服务提供者应当加强用户模型和用户标签管理，完善记入用户模型的兴趣点规则和用户标签管理规则，不得将违法和不良信息关键词记入用户兴趣点或者作为用户标签并据以推送信息。

第十一条　算法推荐服务提供者应当加强算法推荐服务版面页面生态管理，建立完善人工干预和用户自主选择机制，在首页首屏、热搜、精选、榜单类、弹窗等重点环节积极呈现符合主流价值导向的信息。

第十二条　鼓励算法推荐服务提供者综合运用内容去重、打散干预等策略，并优化检索、排序、选择、推送、展示等规则的透明度和可解释性,避免对用户产生不良影响,预防和减少争议纠纷。

第十三条　算法推荐服务提供者提供互联网新闻信息服务的,应当依法取得互联网新闻信息服务许可,规范开展互联网新闻信息采编发布服务、转载服务和传播平台服务,不得生成合成虚假新闻信息,不得传播非国家规定范围内的单位发布的新闻信息。

第十四条　算法推荐服务提供者不得利用算法虚假注册账号、非法交易账号、操纵用户账号或者虚假点赞、评论、转发,不得利用算法屏蔽信息、过度推荐、操纵榜单或者检索结果排序、控制热搜或者精选等干预信息呈现,实施影响网络舆论或者规避监督管理行为。

第十五条　算法推荐服务提供者不得利用算法对其他互联网信息服务提供者进行不合理限制,或者妨碍、破坏其合法提供的互联网信息服务正常运行,实施垄断和不正当竞争行为。

第三章　用户权益保护

第十六条　算法推荐服务提供者应当以显著方式告知用户其提供算法推荐服务的情况,并以适当方式公示算法推荐服务的基本原理、目的意图和主要运行机制等。

第十七条　算法推荐服务提供者应当向用户提供不针对其个人特征的选项,或者向用户提供便捷的关闭算法推荐服务的选项。用户选择关闭算法推荐服务的,算法推荐服务提供者应当立即停止提供相关服务。

算法推荐服务提供者应当向用户提供选择或者删除用于算法推荐服务的针对其个人特征的用户标签的功能。

算法推荐服务提供者应用算法对用户权益造成重大影响的,应当依法予以说明并承担相应责任。

第十八条　算法推荐服务提供者向未成年人提供服务的,应当依法履行未成年人网络保护义务,并通过开发适合未成年人使用的模式、提供适合未成年人特点的服务等方式,便利未成年人获取有益身心健康的信息。

算法推荐服务提供者不得向未成年人推送可能引发未成年人模仿不安全行为和违反社会公德行为、诱导未成年人不良嗜好等可能影响未成年人身心健康的信息，不得利用算法推荐服务诱导未成年人沉迷网络。

第十九条　算法推荐服务提供者向老年人提供服务的，应当保障老年人依法享有的权益，充分考虑老年人出行、就医、消费、办事等需求，按照国家有关规定提供智能化适老服务，依法开展涉电信网络诈骗信息的监测、识别和处置，便利老年人安全使用算法推荐服务。

第二十条　算法推荐服务提供者向劳动者提供工作调度服务的，应当保护劳动者取得劳动报酬、休息休假等合法权益，建立完善平台订单分配、报酬构成及支付、工作时间、奖惩等相关算法。

第二十一条　算法推荐服务提供者向消费者销售商品或者提供服务的，应当保护消费者公平交易的权利，不得根据消费者的偏好、交易习惯等特征，利用算法在交易价格等交易条件上实施不合理的差别待遇等违法行为。

第二十二条　算法推荐服务提供者应当设置便捷有效的用户申诉和公众投诉、举报入口，明确处理流程和反馈时限，及时受理、处理并反馈处理结果。

第四章　监督管理

第二十三条　网信部门会同电信、公安、市场监管等有关部门建立算法分级分类安全管理制度，根据算法推荐服务的舆论属性或者社会动员能力、内容类别、用户规模、算法推荐技术处理的数据重要程度、对用户行为的干预程度等对算法推荐服务提供者实施分级分类管理。

第二十四条　具有舆论属性或者社会动员能力的算法推荐服务提供者应当在提供服务之日起十个工作日内通过互联网信息服务算法备案系统填报服务提供者的名称、服务形式、应用领域、算法类型、算法自评估报告、拟公示内容等信息，履行备案手续。

算法推荐服务提供者的备案信息发生变更的，应当在变更之日起十个工作日内办理变更手续。

算法推荐服务提供者终止服务的，应当在终止服务之日起二十个工作日内办理注销备案手续，并作出妥善安排。

第二十五条　国家和省、自治区、直辖市网信部门收到备案人提交的备案材料后，材料齐全的，应当在三十个工作日内予以备案，发放备案编号并进行公示；材料不齐全的，不予备案，并应当在三十个工作日内通知备案人并说明理由。

第二十六条 完成备案的算法推荐服务提供者应当在其对外提供服务的网站、应用程序等的显著位置标明其备案编号并提供公示信息链接。

第二十七条 具有舆论属性或者社会动员能力的算法推荐服务提供者应当按照国家有关规定开展安全评估。

第二十八条 网信部门会同电信、公安、市场监管等有关部门对算法推荐服务依法开展安全评估和监督检查工作，对发现的问题及时提出整改意见并限期整改。

算法推荐服务提供者应当依法留存网络日志，配合网信部门和电信、公安、市场监管等有关部门开展安全评估和监督检查工作，并提供必要的技术、数据等支持和协助。

第二十九条 参与算法推荐服务安全评估和监督检查的相关机构和人员对在履行职责中知悉的个人隐私、个人信息和商业秘密应当依法予以保密，不得泄露或者非法向他人提供。

第三十条 任何组织和个人发现违反本规定行为的，可以向网信部门和有关部门投诉、举报。收到投诉、举报的部门应当及时依法处理。

第五章　法律责任

第三十一条 算法推荐服务提供者违反本规定第七条、第八条、第九条第一款、第十条、第十四条、第十六条、第十七条、第二十二条、第二十四条、第二十六条规定，法律、行政法规有规定的，依照其规定；法律、行政法规没有规定的，由网信部门和电信、公安、市场监管等有关部门依据职责给予警告、通报批评，责令限期改正；拒不改正或者情节严重的，责令暂停信息更新，并处一万元以上十万元以下罚款。构成违反治安管理行为的，依法给予治安管理处罚；构成犯罪的，依法追究刑事责任。

第三十二条 算法推荐服务提供者违反本规定第六条、第九条第二款、第十一条、第十三条、第十五条、第十八条、第十九条、第二十条、第二十一条、第二十七条、第二十八条第二款规定的，由网信部门和电信、公安、市场监管等有关部门依据职责，按照有关法律、行政法规和部门规章的规定予以处理。

第三十三条 具有舆论属性或者社会动员能力的算法推荐服务提供者通过隐

瞒有关情况、提供虚假材料等不正当手段取得备案的，由国家和省、自治区、直辖市网信部门予以撤销备案，给予警告、通报批评；情节严重的，责令暂停信息更新，并处一万元以上十万元以下罚款。

具有舆论属性或者社会动员能力的算法推荐服务提供者终止服务未按照本规定第二十四条第三款要求办理注销备案手续，或者发生严重违法情形受到责令关闭网站、吊销相关业务许可证或者吊销营业执照等行政处罚的，由国家和省、自治区、直辖市网信部门予以注销备案。

第六章　附　则

第三十四条　本规定由国家互联网信息办公室会同工业和信息化部、公安部、国家市场监督管理总局负责解释。

第三十五条　本规定自2022年3月1日起施行。

《中国支付清算》征稿启事

《中国支付清算》（按季出版）是由中国支付清算协会主办、中国金融出版社出版发行的、以支付清算结算为研究对象的国家级出版物。《中国支付清算》将授予本书确定的相关学术资源数据库和网站、微信公众号电子版权。凡向《中国支付清算》投稿的作者，视为同意上述授权，本书支付给作者的稿酬已包含上述数据库和微信公众号著作权使用费。

《中国支付清算》设有特约评论、行业聚焦、经济观察、理论研究、政策解读、统计分析、案例研究、国际观察、金融账户、金融工具、金融基础设施、金融监管、金融创新、金融科技、金融标准、金融普惠、反洗钱、法律探讨、风险管理、经验推介、金融知识、金融译林、金融史话、社会责任、基层声音等栏目。每辑栏目根据所录文章灵活设置。

《中国支付清算》紧紧围绕"宣传党中央、国务院经济金融工作部署，跟踪支付清算发展，研究支付清算理论、探讨支付清算实务、促进产业健康发展"的宗旨，密切关注国内国际支付清算发展的理论成果和改革动态，涉及国内外支付服务组织、账户管理、支付工具、金融基础设施、市场监管等主要内容，同时兼顾相关经济金融领域的重要问题，具有较强的专业性、理论性、实务性和学术性。

《中国支付清算》服务支付产业发展，贴近监管和市场，平台高、影响面广。欢迎支付清算行业从业人员、高等院校和研究机构等社会各界人士投稿，思想性强、逻辑严密、写作规范的稿件优先编发，并择优在中国支付清算论坛支付清算学术研讨会上介绍交流；在征得作者同意的前提下，通过专门工作机制择优向英国《支付战略与体系》期刊（*Journal of Payments Strategy & Systems*，JPSS，英国亨利·斯图尔特出版社出版的银行和金融业系列刊物之一）推荐。

为规范《中国支付清算》用稿,提高编辑质量和效率,请投稿者务必遵守《〈中国支付清算〉稿件要求和体例》。本书只接受电子版投稿,投稿邮箱为:huikanzhuanyong@pcac.org.cn。投稿文档请按如下格式标明,并同时标注于邮件主题上:"投稿日期_作者_文章名"。

投稿文章须为原创作品,文责自负。凡投寄本书的稿件,请务必注明参考文献。翻译稿件请务必获得原作者授权并注明出处。请勿一稿多投,严禁抄袭,查重率不得高于10%。投稿后三个月内未收到用稿反馈的,可自行处理。在编辑出版过程中,如遇到他书(刊)采用的,请作者及时告知,以免造成重复编发。

投稿者还可关注中国支付清算协会官方网站(http://www.pcac.org.cn)和微信公众号(中国支付清算协会),获取中国支付清算协会和《中国支付清算》的出版资讯、学术活动、征稿主题等相关信息。